MIRKO KRÜGER

Weihnachten
für Klugscheißer

Populäre Irrtümer
und andere Wahrheiten

KLARTEXT

BILDNACHWEIS

S.4 (Autorenbild) Sascha Fromm, (Postkarte) ©Reiner Schmalzl, S. 10/11 Wikimedia Commons Lizenz CC-BY-SA 3.0,
S.18 Jan Heinze, S 19 ©London Illustrated News, S.21 ©Stadt Lauscha, S.23 ©Mirko Krüger, S.31 Mirko Krüger,
S.36 ©Deutsche Post AG, S.41 Rainer Schmalzl, S. 43 ©Mirko Krüger, S.48/49 TVB Oberndorf, Hermeter, S.52 ©Deutsche
Bundespost, S.60/61 Marco Schmidt, S.63 Sylvio Dittrich, DML-BY, S.66 Marius Röer, S. 67 Stefan Ziese, S.68 Bernd Röm-
melt/München Tourismus, S.69 Dagmar Schwelle ©visitBerlin, S.71 Christine Dierenbach/Stadt Nürnberg, S.73 Wikimedia
Commons Lizenz CC0 1.0, S.79 Max Welte, S.85 Sylvio Dittrich/DMG, DML-BY, S.95 Harold Robson/Collection of Imperial
War Museum, S.97 Briefmarken Deutsche Post der DDR, Deutsche Bundespost
Adobe Stock: S.4/5 ©Jan Engel, S. 6/7 ©olga_lebedeva, S.7 ©dule964, ©Reindl Christian, S.8 o. ©Nessa,S. 8-9 u.
©exclusive-design, S. 12/13 ©Julija, S.13 ©Aleksandr Matveev, S.14 l. ©GCapture, S.14 r.o. ©pusteflower9024,
S.14 r.u. ©marilyn barbone, S.15 l. ©Irina Fischer, S.15 r.o. ©Ruckszio, S 15 r.u. ©DenisNata, S.16 ©monkographic,
S.17 ©Wallner-Studio, S.20 ©fotohansel, S.25 ©honeyflavour, S.26 ©Alexander Hoffmann, S.27 ©gudrun, S.29 ©Jens
Jensen, S.34/35 ©Ruth Black, S.37 ©Dario Lo Presti, S.38 u. ©BasPhoto, S.38/39 o. © Nessa, S.39 u. ©xunantunich, S.42
©Vladimir Melnikov, S.44 ©just83in, S.45 ©marilyn barbone, S.46 o. ©olga_lebedeva, S.47 u. ©marga, S.51 ©Tiberius
Gracchus, S.53 o. ©drubig-photo, S. 53 u. ©Johanna Mühlbauer, S.54 ©tibanna79, S.55 o. ©scerpica, S. 55 u. ©Kanu-
sommer, S.64 ©sborisov, S.65 l. ©Smileus; S.65 r. ©franz12, S.70 ©Asvolas, S.75 ©goldpix, S.76 ©millaf,
S. 77 ©gallinago_media, S.80/81 ©santosha57, S.82 ©haveseen, S.82/83 ©Maksim Pasko, S.86/87 ©Alexander Raths,
S.88 ©Monster Ztudio, S.89 ©Dan Kosmayer, S. 88/89 ©olga_bonitas, S.90 ©Gerhard Seybert, S.91 ©Rico Ködder,
S.92 o. ©goldpix, S. 92 u. ©heigri, S 93 ©Daniel Berkmann, S.94 ©mohamed, S.96/97 ©angelinast, S.98 ©TTStock,
S.99 ©gertrudda, S.100 o. ©cmfotoworks, S.100 u. ©Kit Leong, S.104 ©pokki

Bibliografische Information der Deutschen Nationalbibliothek
Die Deutsche Nationalbibliothek verzeichnet diese Publikation in der Deutschen
Nationalbibliografie; detaillierte bibliografische Daten sind im Internet über
http://dnb.dnb.de abrufbar.

IMPRESSUM

1. Auflage Oktober 2019
Layout und Satz: Ina Zimmermann
Umschlagfotos: ©Reiner Schmalzl, TVB Oberndorf, Hermeter,
Adobe Stock: ©Anterovium, ©Dan Kosmayer, ©matka_Wariatka, ©Rico Ködder,
©RCsolutions, ©Ron Dale, ©by-studio
Druck und Bindung: Griebsch & Rochol Druck GmbH,
Gabelsbergerstraße 1, D-59069 Hamm
© Klartext Verlag, Essen 2019
Alle Rechte vorbehalten
ISBN 978-3-8375-2195-5

KLARTEXT

Jakob Funke Medien Beteiligungs GmbH & Co. KG
Jakob-Funke-Platz 1, 45127 Essen
info@klartext-verlag.de, www.klartext-verlag.de

Inhalt

Der Autor

Mirko Krüger, Jahrgang 1963, ist dreifacher Vater sowie Großvater. Allein schon der Kinder wegen wurde er zum großen Weihnachtsfan.

Der Journalist begann 1990 bei der Tageszeitung „Thüringer Allgemeine" zu arbeiten. Zu seinen ständigen Themen gehören Kulturgeschichte und Alltagskultur. Krüger ist Autor und Herausgeber mehrerer Bücher zur Rechts- und Kriminalgeschichte sowie von Reise- und Freizeitführern.

FRÖHLICHE WEIHNACHTEN.

Zum Geleit

Kein Sommermärchen

Es war einmal ein wunderschönes Mädchen, das wurde Aschenbrödel genannt. Es hatte eine böse Schwiegermutter und eine garstige Stiefschwester. Aschenbrödel musste von morgens bis abends hart arbeiten. Aber es war immer gut gelaunt und jammerte nie …

Aschenbrödel ist, was man heutzutage ein Mobbingopfer nennen würde. Seine Geschichte wurde längst zum Weihnachtsklassiker in Deutschland. Kein anderer Film wird während der Festtage häufiger ausgestrahlt als „Drei Haselnüsse für Aschenbrödel". Gut möglich, dass dies jenseits der rührenden Geschichte auch an der traumhaften Kulisse des verschneiten Böhmerwaldes liegt. Dabei hatte der Regisseur ursprünglich andere Pläne. Er wollte „Drei Haselnüsse für Aschenbrödel" als Sommermärchen verfilmen. Hätten Sie's gewusst?

Populäre Irrtümer und andere Wahrheiten stehen im Mittelpunkt dieses Büchleins. Irrtümer und andere Wahrheiten? Passt das überhaupt zusammen? Aber ja, sofern man die Weihnachtsgeschichte jenseits unverrückbarer wie überraschender Fakten mit einem Augenzwinkern erzählt. Tatsächlich ranken sich um das Fest der Feste unglaublich viele Mythen und Legenden. Welche davon sind wahr? Welche halten einem tieferen Blick nicht stand? Woher wollen wir zum Beispiel wissen, dass das Christkind am 25. Dezember geboren worden ist? Stimmt es, dass ein Cola-Fabrikant den Weihnachtsmann erfunden hat? Was hat es mit dem Weihnachtsfrieden der Behörden auf sich? Wie viel Geld geben wir für Geschenke tatsächlich aus? Was steckt hinter der Redensart „Das ist ja eine schöne Bescherung"?

Nun aber stürzen wir uns erst einmal gemeinsam in den weihnachtlichen Trubel. Ich ahne, nein, ich weiß, dass vielen von uns die Jagd nach Geschenken nicht nur Spaß bereitet. Sie vermag auch zu nerven. Spätestens in diesen Momenten sollte uns bewusst werden, dass das größte Geschenk, das wir anderen bereiten können, dieses ist: Zeit füreinander zu haben. Was gibt es Schöneres, als miteinander zu reden, zu spielen, weihnachtlichen Melodien zu lauschen, einen Glühwein zu schlürfen? Und wer weiß, vielleicht klugscheißen wir dann ja auch ein wenig und erzählen uns gegenseitig von populären Irrtümern und anderen Wahrheiten …

5

Populärer Irrtum

Das höchste Fest des Jahres

Für viele Menschen ist Weihnachten das Fest der Feste. Was kann es Schöneres geben als die Geburt eines Kindes zu feiern, andere zu beschenken und selbst beschenkt zu werden ... Doch es irrt, wer meint, es gäbe gerade für Christen kein wichtigeres Fest.

In welcher Woche des Jahres verkauft der Einzelhandel in Deutschland die meisten Süßwaren? Sind es die Tage vor Nikolaus? Oder doch die Woche vor Weihnachten? Weder noch ... Die richtige Antwort lautet: Süßigkeiten werden besonders häufig in der Woche vor Ostern gekauft.

Kann man die Frage nach der Bedeutsamkeit der Feste damit bereits beantworten? Läuft alles auf ein Duell von Schoko-Hase versus Schoko-Weihnachtsmann hinaus? Natürlich nicht. Dennoch weist der schokoladige Vergleich auch bei dieser Frage in die richtige Richtung: Ostern ist im christlichen Verständnis das wichtigere Fest.

Natürlich wäre Ostern ohne Christi Geburt undenkbar. Doch erst das Leiden, das Sterben und die Auferstehung Christi manifestieren den christlichen Glauben. „Vater, vergib ihnen, denn sie wissen nicht, was sie tun", spricht Jesus am Kreuz. Indem er die Schuld auf sich nimmt, wird er zum Inbegriff der Hoffnung. Deshalb lebt der Auferstandene auch nicht weiter wie zuvor; er gewinnt vielmehr ein neues, ein unvergängliches Sein.

Der Evangelist Lukas beschreibt die Entdeckung des leeren Grabes so: „Am ersten Tag der Woche gingen die Frauen mit den wohlriechenden Salben, die sie zubereitet hatten, in aller Frühe zum Grab. Da sahen sie, dass der Stein vom Grab weggewälzt war; sie gingen hinein, aber den Leichnam Jesu, des Herrn,

fanden sie nicht. Und es geschah, während sie darüber ratlos waren, siehe, da traten zwei Männer in leuchtenden Gewändern zu ihnen. Die Frauen erschraken und blickten zu Boden. Die Männer aber sagten zu ihnen: Was sucht ihr den Lebenden bei den Toten? Er ist nicht hier, sondern er ist auferstanden. Erinnert euch an das, was er euch gesagt hat, als er noch in Galiläa war: Der Menschensohn muss in die Hände sündiger Menschen ausgeliefert und gekreuzigt werden und am dritten Tag auferstehen."

Historisch beweisen lässt sich die Auferstehung nicht. Letztlich kann man daran nur glauben – oder eben auch nicht.

Wie lange dauert Weihnachten?

Das Fest der Feste ist für manch Deutsche bereits mit der Bescherung am 24. Dezember wieder vorbei. Man nimmt noch gern die beiden folgenden Feiertage mit, und das war's. Doch die Weihnachtszeit dauert weit länger.

Sie beginnt bereits mit dem ersten Adventssonntag. Er fällt kalendarisch auf den vierten Sonntag vor dem **25. Dezember**. Dadurch ergibt sich ein variabler Zeitraum zwischen 22 und 28 Tagen. Streng genommen beginnt der Advent sogar schon am Vortag des ersten Adventstages – mit einem Abendgebet (Vesper). In den sogenannten Ostkirchen (orthodoxe Kirchen) dauert der Advent sogar 40 Tage. Er beginnt am **14. November** und wird dem Weihnachtsfasten gewidmet.

Der **24. Dezember** ist Heiligabend. Mit Gottesdiensten beginnt das eigentliche Weihnachtsfest.

Am **25. Dezember** feiern wir den Geburtstag von Jesus.

Der **26. Dezember** ist der zweite Weihnachtsfeiertag. Wie bereits der Vortag ist er in Deutschland ein gesetzlicher Feiertag.

Der **1. Januar** ist nicht nur Neujahr, sondern auch der Tag der Beschneidung Jesu nach jüdischem Brauch. Der Evangelist Lukas berichtet, dass dies am achten Tag nach der Geburt erfolgt sei. Außerdem habe Jesus an diesem Tag seinen Namen erhalten. Der erste Tag des Jahres ist gesetzlicher Feiertag in Deutschland.

Am **6. Januar** feiern wir Epiphanias, das Fest der Erscheinung des Herrn. Bekannter ist dieser Tag als Dreikönigstag. Er erinnert an die Anbetung der drei Weisen, welche letztlich die Göttlichkeit des Knaben sichtbar machte. In evangelischen Kirchen endet an diesem Tag die Weihnachtszeit. Er ist ein gesetzlicher Feiertag in mehreren europäischen Ländern sowie in den deutschen Bundesländern Bayern, Baden-Württemberg und Sachsen-Anhalt.

Erst mit dem **2. Februar** endet Weihnachten für Katholiken. Der Tag wird Mariä Lichtmess oder auch Mariä Reinigung genannt. 40 Tage nach der Geburt ihres Sohnes hatte Maria ein Reinigungsopfer nach altem Brauch erbracht. Im Falle einer Tochter wäre dies übrigens erst nach 80 Tagen der Fall gewesen. Vor allem Strenggläubige schließen erst an diesem Tag die Krippe und putzen nun auch den Weihnachtsbaum ab.

Wann wurde Jesus geboren?

Wann starb Jesus Christus? Die Antwort ist ebenso einfach wie kompliziert. Nach heutigem Verständnis gedenken wir seiner am Karfreitag. Das Problem dabei: Ostern ist ein bewegliches Fest; der Todestag fällt damit auf stets wechselnde Daten. Wenigstens scheint es um das Geburtsdatum einfacher bestellt. Es ist der 25. Dezember, der erste Weihnachtsfeiertag. Oder etwa nicht?

Das Neue Testament nennt kein konkretes Geburtsdatum. Weder Tag noch Monat und auch kein Jahr werden bezeichnet. Der Evangelist Lukas, der die Geburt Jesu in der Bibel am konkretesten beschreibt, spricht nur allgemein von „jenen Tagen".

Wörtlich heißt es bei ihm: „In jenen Tagen erließ Kaiser Augustus den Befehl, alle Bewohner des Reiches in Steuerlisten einzutragen. Dies geschah zum ersten Mal; damals war Quirinius Statthalter von Syrien. Da ging jeder in seine Stadt, um sich eintragen zu lassen. So zog auch Josef von der Stadt Nazareth in Galiläa hinauf nach Judäa in die Stadt Davids, die Betlehem heißt; denn er war aus dem Haus und Geschlecht Davids. Er wollte sich eintragen lassen mit Maria, seiner Verlobten, die ein Kind erwartete. Als sie dort waren, kam für Maria die Zeit ihrer Niederkunft, und sie gebar ihren Sohn, den Erstgeborenen. Sie wickelte ihn in Windeln und legte ihn in eine Krippe, weil in der Herberge kein Platz für sie war."

Erst im dritten und vierten Jahrhundert legten sich die Geschichtsschreiber mehr und mehr auf den 25. Dezember fest. Teils stellten sie dazu komplexe Berechnungen an. Eine dieser Theorien ging von der göttlichen Fügung aus, dass Jesus am gleichen Datum gestorben sei, an dem Maria ihn empfangen hatte, also an einem Karfreitag. Dies sei vermutlich ein 25. März gewesen. Wenn Maria genau neun Monate später niederkam, musste dies zwangsläufig an einem 25. Dezember geschehen sein ...

Es gibt weitere Denkmodelle, warum ausgerechnet der 25. Dezember zum ersten Weihnachtsfeiertag geworden ist. So hatte Kaiser Aurelian im dritten Jahrhundert das Geburtstagsfest des römischen Sonnengottes Sol auf den 25. Dezember festgelegt. Im Zuge der Christianisierung des vierten Jahrhunderts könnten Elemente dieses heidnischen Kults mit der Feier von Jesu Geburt verschmolzen sein.

Wie war es wirklich? Wir werden es vermutlich nie erfahren. Das Fehlen einer Geburtsurkunde Jesu belegt einmal mehr: Mysterien gedeihen am besten auf dem Nährboden einer lückenhaften Dokumentation. Gut möglich, dass der 25. Dezember der tatsächliche Geburtstag ist – oder eben auch nicht.

Die Geburt Christi. Darstellung aus dem um 1180 entstandenen „Hortus Deliciarum" (Garten der Köstlichkeiten) der Äbtissin Herrad von Landsberg. Das Werk gehört zur Sammlung der National- und Universitätsbibliothek Straßburg.

Germanen, Gott und Goethe

Der Weihnachtsbaum gehört zu den großen Mysterien des Alltags. Seine Herkunft verliert sich im Dunkel der Geschichte. Den alten Germanen galt das Tannenreis als Symbol des Lebens. Immerhin trotzten die immergrünen Nadelbäume selbst dem härtesten Winter. Wie aber kam der Baum in die gute Stube?

Spätestens ausgangs des 15. Jahrhunderts sind im Elsass erstmals Weihnachtsbäume geschlagen worden. Der älteste bekannte Bericht über in Kirchen aufgestellte Tannen stammt aus Straßburg. Er datiert auf das Jahr 1492.
Die lettische Stadt Riga nimmt für sich in Anspruch, dass auf ihrem Markt der älteste bekannte Weihnachtsbaum der Welt gestanden hat. Er soll laut einer erhalten gebliebenen Handschrift im Jahre 1510 aufgestellt worden sein. Allerdings ist in dem Dokument lediglich von Fastnachtsbräuchen die Rede; zum Abschluss des Karnevals wurde demnach symbolisch ein Baum verbrannt. Doch war das wirklich ein Weihnachtsbaum? Letzte Gewissheit gibt es nicht.
135 Jahre später, nun wieder in Straßburg. Hier ereiferte sich ein lutherischer Theologe über die, so wörtlich: „Lappalie, Weihnachtsbäume in Wohnungen aufzustellen". Johann Conrad Dannhauer berichtete in seiner Schrift „Erklärung des christlichen Katechismus", dass diese Bäume mit Puppen und Zucker behängt werden. „Wo die Gewohnheit herkommt, weiß ich nicht, ist ein Kinderspiel." Aber immerhin erachtet der Theologe diesen Brauch für „besser als andere Phantasie, ja Abgötterei, so man mit dem Christkindel pflegt zu treiben." Wirklich bezeugen lässt sich der Durchbruch des Christbaums in Deutschland aber erst zu Zeiten der deutschen Klassik. Johann Wolfgang von Goethe hat wie kein anderer dazu beigetragen, den Brauch zu verbreiten. Im Roman „Die Leiden des jungen Werther", erschienen 1774, beschreibt der Dichter eine anrührende Szene. Werther erzählt seiner Angebeteten, welch paradiesische Entzückung von einem aufgeputzten Baum mit Wachslichtern, Zuckerwerk und Äpfeln ausgehen würde.
Daran, dass seine Zeitzeugen des Dichters Worte für bare Münze nahmen, besteht kaum Zweifel. Der „Werther" war seinerzeit der Bestseller schlechthin. Der

Roman animierte seine Leser bekanntermaßen dazu, sich wie der Held zu kleiden, sich wie er das Leben zu nehmen – und sicher auch dazu, Tannenbäumchen aufzuputzen. Ein Roman als Handlungsanweisung.

Auch Schiller vermochte sich der Faszination nicht zu entziehen. Im 1789er Advent schrieb er seiner Braut: „Auf den Donnerstag komme ich nach Weimar. Ihr werdet mir hoffentlich einen grünen Baum im Zimmer aufrichten."

Aus Sicht der Forstleute war die neue Mode freilich längst zu einer Last geworden. Im Weimarer Herzogtum, in dem Goethe und Schiller lebten, wurde deshalb das Schlagen von „Bäumchen bey Weihnachts Zeiten" immer mal wieder verboten. So setzte sich 1790 der Oberforstmeister von Wedel, der mit Goethe eng befreundet war, dafür ein, auf Christbäume zu verzichten. Ihn erzürnte, dass rund um Weimar 500 junge Tannen gefällt werden sollten.

25 Jahre später bescherte ausgerechnet dieses Herzogtum der Welt den ersten öffentlichen Weihnachtsbaum im heutigen Sinne. Im Dezember 1815 stellte der Buchhändler Johann Wilhelm Hoffmann eine geschmückte Tanne vor seinem am Weimarer Marktplatz gelegenen Geschäft auf. Diese Tradition wird seither fortgeführt, längst aber mitten auf dem Markt.

Unsere Bäumchen

Zwischen 27 und 30 Millionen Weihnachtsbäume werden alljährlich in Deutschland aufgestellt. Sie sind größtenteils auf Plantagen herangewachsen, was je nach Baumart und -größe zwischen acht und zwölf Jahren dauert. Meist werden die Bäumchen schon nach zwei bis drei Wochen wieder entsorgt. Wir stellen die beliebtesten Sorten vor.

Die Nordmanntanne

hat sich zum häufigsten Weihnachtsbaum in deutschen Stuben entwickelt. Angesichts ihrer Eigenschaften muss dies freilich kaum wundern: Sie ist vergleichsweise lange haltbar und nadelt wenig. Nicht zuletzt sind ihre Nadeln recht weich, so dass sie beim Schmücken des Baums nicht piksen.

Die Blaufichte

hat blaugrün schimmernde Nadeln und sieht dadurch edel aus. Sie verbreitet vor allem in den ersten Tagen einen angenehmen, intensiven Duft nach Wald. Nach etwa zwei Wochen beginnen Blaufichten zu nadeln. Außerdem stechen ihre Nadeln.

Die (Rot)Fichte

war lange Zeit der beliebteste Baum, was wohl auch an ihrem günstigen Preis liegt. Im Gegenzug muss man hinnehmen, dass die leicht stechenden Nadeln schon sehr bald ausfallen. Wer an einer Fichte viel Freude haben möchte, sollte sie daher möglichst kurz vorm Aufstellen selbst schlagen.

Die Kiefer

hat sehr lange Nadeln und weniger dichtstehende Äste als die anderen in der Weihnachtszeit angebotenen Nadelbäume. Das macht das Schmücken gewissermaßen zur Herausforderung. Allerdings lassen sich Kiefern mit Kreativität auch besonders extravagant aufputzen.

Die Edeltanne

hat weiche, blaugrüne Nadeln und duftet nach Zitrusfrüchten. Sie ist noch haltbarer als die Nordmanntanne.

Der Plastikbaum

stammt häufig aus Asien. In immerhin jedem achten Haushalt soll Branchenangaben zufolge ein solcher Baum zu finden sein.

Die Nordmanntanne stammt aus ...

Der beliebteste Weihnachtsbaum in Deutschland ist die Nordmanntanne. Klar doch, dass bei diesem Namen viele Menschen meinen, diese Tanne stamme aus Skandinavien. Dies freilich ist nichts anderes als ein Weihnachtsmärchen.

Tatsächlich ist diese Tanne nach einem Nordmann benannt, nach Alexander Davidowitsch von Nordmann (1803–1866). Der Finne war Botaniker und Zoologe. Ab 1832 arbeitete er in Odessa (Ukraine). Während der folgenden Jahre untersuchte er eingehend die Fauna im damaligen Süden Russlands. Er beschrieb zahlreiche Arten erstmals wissenschaftlich. 1835 entdeckte er im Kaukasus eine bis dahin in Expertenkreisen unbekannte Tanne. Sieben Jahre später erhielt sie ihm zu Ehren den wissenschaftlichen Namen „Abies nordmanniana".
In ihrer angestammten Heimat, dem heutigen Georgien, wächst die Nordmanntanne in Höhenlagen zwischen 900 und 2.100 Metern. Die Bäume werden bis zu 500 Jahre alt sowie bis zu 60 Meter hoch. Im Herbst besteigen Zapfenpflücker die Tannen, um deren wertvolle Samen zu ernten. Dass Saatgut wird nach Westeuropa exportiert. So steht, einige Jahre später, in unseren Wohnungen ein Weihnachtsbaum, der ursprünglich in Georgien wurzelt. In einem Land also, das von Deutschland aus betrachtet nicht im Norden liegt – sondern ziemlich weit im Südosten.

Wir schlagen einen Weihnachtsbaum

Alle Jahre wieder beschäftigt uns die gleiche Frage: Wo holen wir den Weihnachtsbaum? Wie wäre es, wir schlagen ihn selbst ...

Viele Revierförstereien und oft auch kleinere Plantagen laden vor allem an Wochenenden zum Selberfällen ein. Nicht selten entfachen Waldarbeiter sogar ein Lagerfeuer. Dann gibt es Punsch und Bratwürste und manchmal auch Posaunenklänge. So wird bereits das Schlagen zum Fest.
Das ist nicht nur ein tolles Erlebnis für die Familie, sondern auch ökologisch sinnvoll. Immerhin werden die in Städten angebotenen Bäume oft über Hunderte Kilometer herangekarrt. Dann doch lieber einen Baum aus der Heimat ...
Wer eine kleine eigene Säge besitzt, sollte sie mitbringen. Auch Arbeitshandschuhe sind von Vorteil.

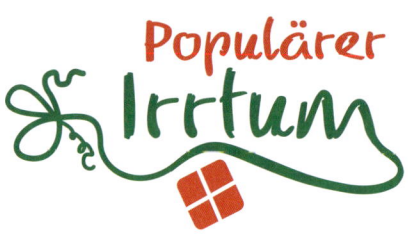

Deutschlands größter Weihnachtsbaum

Seit 1996 steht in Dortmund der größte Weihnachtsbaum der Bundesrepublik. Das stimmt – und es stimmt auch nicht.

Die puren Zahlen sprechen für sich. Der Baum auf dem Dortmunder Hansaplatz ist 45 Meter hoch, wird von 48.000 Lämpchen illuminiert und hat einen leuchtenden Engel als Spitze, welcher rund 200 Kilogramm wiegt. Gute vier Wochen dauert es, ihn aufzustellen und zu schmücken.

Freilich handelt es sich nicht um einen einzelnen Baum, den wir auf dem Dortmunder Weihnachtsmarkt bestaunen dürfen, sondern um rund 1.700. All diese 1.700 Rotfichten werden an einem kegelförmigen Stahlgerüst befestigt. Sobald die Montage abgeschlossen ist, wirkt das Konstrukt tatsächlich wie ein einziger Baum. Etwa zwei Millionen Besucher zählt der Weihnachtsmarkt in jedem Jahr. Die Baumbeleuchtung bleibt immer bis zum 30. Dezember eingeschaltet.

Die Kerzen am Dortmunder Weihnachtsbaum sind 2,5 Meter hoch und damit größer als die meisten Weihnachtsbäume in deutschen Wohnzimmern.

Wie der Christbaum kriminalisiert wurde

Waldbesitzer, die Handel mit Weihnachtsbäumen betrieben, gingen im 18. Jahrhundert mitunter ein großes Risiko ein. Ihnen drohten Geld- und Zuchthausstrafen, wie ein Fallbeispiel aus dem Thüringer Wald zeigt.

Am 4. Mai des Jahres 1756 bereitet der Herzog Sachsen-Gotha und Altenburg seinen Untertanen ein vorzeitiges Weihnachtsgeschenk. Die Bürger können sich in diesem Jahr die Ausgaben für einen Weihnachtsbaum sparen. Doch es ist keineswegs so, dass Friedrich III. seinen Thüringern damit einen Gefallen tun möchte. Der Herzog stellt das Schlagen und Handeln junger Fichten und Tannen ausdrücklich unter Strafe. Mindestens zweieinhalb Gulden muss zahlen, wer dagegen verstößt. Wiederholungstätern droht die Einlieferung ins Zuchthaus.

Königliche Weihnacht 1848 in London. Queen Victorias Mann führte den Christbaum bei Hofe ein und begründete damit eine Tradition. Der Gemahl stammte ausgerechnet aus jenem deutschen Herzogtum, in dem ein Jahrhundert zuvor der Weihnachtsbaum verboten worden war. Diese Abbildung erschien seinerzeit in der Illustrated London News.

In jenem Jahr ist das Herzogtum in den Siebenjährigen Krieg verwickelt worden. Während zunächst die Briten den Franzosen den Krieg erklären, sieht sich der Gothaer Fürst innerhalb der eigenen Grenzen mit einem akuten Holzmangel konfrontiert. Die Ursache für den Mangel scheint klar. „Junge Fichten werden auf Weynachten in grosser Menge von den Wald-Leuten in die Städte und Dörfer gebracht und verkaufft", heißt es in dem Dekret. Dies ist, wie der Herzog meint, ein Missbrauch.
Friedrich III. entschließt sich, energisch durchzugreifen. Das Verbot, Bäume oder auch nur Zweige zu schneiden, erstreckt sich nicht nur auf den herzoglichen Forst. Auch alle anderen Waldbesitzer sind betroffen. Adelige müssen sich ebenso fügen wie die

Kirche. Die herrschaftliche Anordnung spiegelt sich auch in regionalen Dokumenten wider. So führen die Forstmeistereien eigene Wald-Straf-Regulative. In diesen Vorschriften werden „Wald-Verbrechen" und mögliche Strafen alphabetisch aufgelistet. Unter C steht „Christ-Bäumchen abhauen".

Unter W findet sich „Weihnachts-Bäumchen abhauen". Geldstrafen und Zuchthaus drohen.

Doch wurden die angedrohten Strafen auch tatsächlich verhängt? Ja! „Christoph Schilling nebst deßen Sohn haben d. 24. Dec. am Dachsberg Fichtsaamen gestiegen und die Gipfel nebst den Aesten heruntergehauen." So überliefert es das sogenannte Waldbuß-Register von Friedrichroda. Der handschriftliche Eintrag umfasst nur viereinhalb Zeilen. Ihm voran ist die Zahl 10 gestellt. Sie steht für die Strafe. Vater und Sohn müssen 10 Gulden zahlen. Nach heutigem Verständnis entspricht dies der Kaufkraft von 500 Euro. Damals war dies für die meisten Menschen ein Vermögen.

Not macht erfinderisch

Das Wappen von Lauscha zeigt einen silbernen Hirsch, der über einen mit gläsernen Kugeln geschmückten Christbaum springt. Die Thüringer Stadt darf sich rühmen, der Welt ebenjenen weihnachtlichen Schmuck geschenkt zu haben.

Das Wappen von Lauscha. Die Stadt liegt im Süden Thüringens, nahe der Grenze zu Bayern.

Seit dem Jahre 1597 ist in Lauscha das Glasmacher-Handwerk ansässig. Wirklich reich wurden davon nur wenige. Die meisten Hüttenknechte und Glasbläser lebten mehr schlecht als recht. Oft half die ganze Familie, den Lebensunterhalt mit Heimarbeit halbwegs aufzubessern. Dann aber, im Jahre 1847, zeigte sich einmal mehr, dass Not erfinderisch macht. Weil ein armer Glasbläser sich in jenem Jahr keine Walnüsse und Äpfel zum Schmücken des Christbaums leisten konnte, blies er stattdessen Kugeln aus Glas und hängte sie in den Baum.

Ist's eine Legende – oder doch wahr? Genau weiß man es nicht. Der Name des Erfinders hat sich im Dunkel der Geschichte verloren. Bekannt ist indes, dass bereits im Folgejahr erste, kleinere Aufträge zur Produktion von Christbaumschmuck in Lauscha eingegangen sind.

Binnen weniger Jahre entwickelten sich die zerbrechlichen Kugeln immer mehr zum Verkaufsschlager. Der große Durchbruch kam mit Frank Winfield Woolworth. Der Amerikaner hatte 1879 die nach ihm benannte Kaufhauskette gegründet. Bereits im Folgejahr bahnte er Geschäftsbeziehungen nach Thüringen an. Bis zu 200.000 Kugeln und weihnachtliche Glasfiguren bestellte Woolworth fortan pro Jahr.

Lauscha ist noch immer eine Glasbläserstadt. Eine der Glashütten, die Farbglashütte, kann man in Teilen besichtigen. In mehreren Läden werden Christbaumkugeln ganzjährig verkauft.

Populärer Irrtum

Die unbefleckte Empfängnis

Mitten in der Adventszeit feiern katholische Christen „Mariä Empfängnis". Geht das überhaupt? Kann Maria ihr Kind so wenige Tage vor dessen Geburt am 25. Dezember empfangen haben? Nein, natürlich nicht. Mariä Empfängnis hat ohnehin eine gänzlich andere Bedeutung. Letztlich geht es um den Sündenfall von Adam und Eva und um die große Frage: Wer ist frei von Schuld?

Kann es ein unschuldigeres Wesen geben als einen neugeborenen Menschen? Niemals! Trotzdem birgt diese Frage reichlich Zündstoff für Debatten, und dies seit Hunderten von Jahren. Schließlich gehört es zu den christlichen Glaubensgrundsätzen, dass ein jeder Mensch ab dem Moment seiner Zeugung mit Schuld beladen ist. Und das ist die Erbsünde.

Alles begann mit Adam und Eva und ihrem lustvollen Biss in den verbotenen Apfel. Durch sie kam nicht einfach nur die Sünde in die Welt. Sie vererbten ihre Schuld zugleich auf einen jeden ihrer Nachkommen. Geschieht dies wirklich jedem Erdenbürger? Nein! Zu den Dogmen der katholischen Kirche gehört, dass es einen einzigen Menschen gibt, der frei von Erbsünde, also unbefleckt auf die Welt kam – Maria.

Sie wurde an einem 8. September geboren. Demnach ist Maria neun Monate zuvor von ihrer eigenen Mutter Anna empfangen worden. Entsprechend feiern Christen am 8. Dezember das „Hochfest der ohne Erbsünde empfangenen Jungfrau und Gottesmutter Maria". Es geht an diesem Tag also keineswegs, wie viele irrtümlich glauben, um Marias ewige Jungfräulichkeit.

Bleibt die Frage, wieso gerade Maria unbefleckt empfangen werden durfte. Die Antwort gibt ein sogenanntes unfehlbares Dogma von Papst Pius IX. aus dem Jahre 1854. Er erklärte in der Bulle namens Ineffabilis Deus (Der unbegreifliche Gott): „Die allerseligste Jungfrau Maria blieb im ersten Augenblick ihrer Empfängnis durch eine besondere Gnade und das Vorrecht des allmächtigen Gottes im Hinblick auf die Verdienste Christi Jesu, des Erlösers des Menschengeschlechtes, von jedem Makel der Erbsünde rein bewahrt." Mit anderen Worten: Nur eine Mutter, die frei von Sünde war, konnte Gottes Sohn gebären. Jeglichen Zweiflern an diesem Dogma drohte der Papst: „Wenn sich jemand, was Gott verhüte, anmaßt, anders zu denken, als es von Uns bestimmt wurde, so soll er klar wissen, dass er ... sich Strafen zuzieht, wenn er in Wort oder Schrift oder sonstwie seine Auffassung äußerlich kundzugeben wagt."

Der Tag „Mariä Empfängnis" ist in mehreren europäischen und lateinamerikanischen Ländern ein gesetzlicher Feiertag. Evangelische Christen und Anhänger von Freikirchen begehen das Hochfest nicht. Dies hat maßgeblich mit ihrer generellen Ablehnung von Heiligenverehrung und Marienfrömmigkeit zu tun.

Dieses restaurierte Marienmosaik hängt im Erfurter Mariendom.

Sternstunde der Menschheit

Die Geburt Jesu soll von einer äußerst auffälligen Himmelserscheinung begleitet worden sein, vom Stern von Bethlehem. Doch gab es ihn überhaupt? Und falls ja: Was stellte er dar?

Im Oktober 1604 beobachteten Astronomen ein Phänomen am Nachthimmel. Da, wo sich normalerweise das Sternbild des Schlangenträgers befand, leuchtete ein bis dahin unbekannter Stern. Er sollte für beinahe ein Jahr die überhaupt hellste Lichtquelle am Abendhimmel bleiben, ehe er ebenso plötzlich für immer aus unseren Augen verschwand. Heute wissen wir: Es hat sich um eine Supernova gehandelt, um die gewaltige Explosion eines sterbenden Sterns. Zu denen, die sich intensiv mit dem vermeintlich neuen Stern befassten, gehörte der Astronom Johannes Kepler. Er verfasste einen umfänglichen Bericht, weshalb diese Supernova auch als Keplers Stern in die Wissenschaftsgeschichte eingegangen ist. Doch was hat dies mit Weihnachten zu tun? Ganz einfach: Kepler vermutete, dass es sich bei dem legendären Stern von Bethlehem um eine vergleichbare Himmelserscheinung gehandelt haben dürfte.
War es wirklich so? Oder hatte nicht vielmehr ein Komet den biblischen Magiern den Weg gewiesen? Vielleicht war es am Firmament aber auch zu einer Konjunktion gekommen, was eine lichtstarke Begegnung von zwei oder gar drei Planeten umschreibt?
Im Matthäusevangelium liest sich diese Sternstunde der Menschheit so: „Als Jesus zur Zeit des Königs Herodes in Betlehem in Judäa geboren worden war, siehe, da kamen Sterndeuter aus dem Osten nach Jerusalem und fragten: Wo ist der neugeborene König der Juden? Wir haben seinen Stern aufgehen sehen und sind gekommen, um ihm zu huldigen. Als König Herodes das hörte, erschrak er und mit ihm ganz Jerusalem ... Dann schickte er sie nach Betlehem und sagte: Geht und forscht sorgfältig nach dem Kind; und wenn ihr es gefunden habt, berichtet mir, damit auch ich hingehe und ihm huldige! Nach diesen Worten des Königs machten sie sich auf den Weg. Und siehe, der Stern, den sie hatten aufgehen sehen, zog vor ihnen her bis zu dem Ort, wo das Kind war; dort blieb

er stehen. Als sie den Stern sahen, wurden sie von sehr großer Freude erfüllt. Sie gingen in das Haus und sahen das Kind und Maria, seine Mutter; da fielen sie nieder und huldigten ihm. Dann holten sie ihre Schätze hervor und brachten ihm Gold, Weihrauch und Myrrhe als Gaben dar."

Spätestens seit Beginn des dritten Jahrhunderts suchten Gelehrte nach einer Erklärung für das Auftauchen des Sterns. Überliefert ist, dass sich der Theologe Origenes zu jener Zeit auf einen Kometen als wahrscheinlichste Erscheinung festgelegt hat. Gut möglich, dass er den alle 75 Jahre auftauchenden Halley-schen Kometen gemeint hatte. Er war in den Jahren 12 bis 11 vor Christus sichtbar. Allerdings war es in den Jahren 5 bis 2 vor Christus auch zu Konjunktionen gekommen und ebenso zu einer Nova, vielleicht sogar zu einer Supernova. Wie war es wirklich? Wir werden es in Unkenntnis des Geburtsjahres von Jesus vermutlich nie erfahren. Eines indes steht fest: Sollte es sich beim Stern von Bethlehem um eine Supernova gehandelt haben, dann wurde sie angesichts der kosmischen Dimensionen mit größter göttlicher Voraussicht geplant. Nur mal so zum Vergleich: Keplers Stern befand sich rund 20.000 Lichtjahre von der Erde entfernt. Wenn beim Stern von Bethlehem alles ähnlich abgelaufen sein sollte, hätte Gott dieses Sternenlicht also bereits 20.000 Jahre vor Jesu Geburt aussenden müssen.

Die Sterndeuter aus dem Matthäusevangelium wurden beginnend im 3. Jahrhundert zu den Heiligen Drei Königen namens Caspar, Melchior und Balthasar verklärt. Mitunter nennt man sie auch die Weisen aus dem Morgenland. Im Kölner Dom befindet sich seit dem 12. Jahrhundert der Dreikönigsschrein. Die in ihm befindlichen Gebeine waren von Kaiser Barbarossa bei einem Feldzug in Mailand erbeutet worden. Sie werden als jene von Caspar, Melchior und Balthasar verehrt.

Göttliche Notunterkunft

Wenn wir heutzutage die Geburt Jesu nacherleben möchten, könnten wir uns, nur mal so zum Beispiel, mit Knabberzeug und einem Bierchen vor den Fernseher hocken und einen Hollywood-Film ansehen. Früher gab es dieses vermeintliche Vergnügen noch nicht. Die Altvordern ergötzten sich dafür am Krippenspiel. Einen Oscar gab es dafür allerdings nie.

Eigentlich ist eine Weihnachtskrippe nichts anderes als der Urtypus der modernen Puppenstube. Statt in ein Puppenhaus blicken wir in einen Stall von Bethlehem. Ochs und Esel stehen da, wir entdecken Maria und Josef – und schließlich in einer Krippe das Jesuskind. Was für ein Idyll! Dabei hatte die Weihnachtsgeschichte alles andere als romantisch begonnen. Weil in den örtlichen Herbergen kein Platz für die Hochschwangere zu finden war, mussten Maria und Josef notgedrungen mit einem Stall als Notunterkunft vorlieb nehmen …

Bildliche Darstellungen der Krippenszene hatte es bereits im frühen Mittelalter gegeben. Die Tradition des Krippenspiels indes wird erst mit Franziskus von Assisi in Verbindung gebracht. Der Ordensgründer soll im Jahre 1223 unweit von Rom ein weihnachtliches Mysterienspiel in einem Stall inszeniert haben. Echte Menschen und echte Tiere traten auf. Gut möglich, dass es dabei zuging, als würde Hollywood einen Film drehen. Wie auch immer: Aus diesem Spiel entwickelte sich die Tradition, in Kirchen weihnachtliche Krippen mit Figuren aufzustellen. Mit Beginn des Industriezeitalters und damit der vergleichsweise preiswerten Herstellung wurden Krippen auch immer mehr als Schmuck in Wohnungen populär.

Für die Aufstellung einer Krippe gelten gewisse Regeln: So sollte das Jesuskind wirklich erst in der Weihnachtsnacht in die Krippe gelegt werden. Ab dem 6. Januar dürfen sich die Heiligen Drei Könige zu der Szenerie gesellen. Die Krippe selbst wird erst am 2. Februar geschlossen, dem Tag des ersten Tempelbesuchs des Kindes.

Vesper, Mette, Hochfest

Am Heiligen Abend sind die Kirchen voller als an jedem anderen Tag des Jahres. Auch viele Nichtchristen strömen dann herbei, um der Weihnachtsgeschichte zu lauschen. Der eigentliche Hauptgottesdienst beginnt jedoch erst in der Nacht.

Die Christvesper

findet am späten Nachmittag des 24. Dezember statt. Der Begriff Vesper steht hier für (Vor)Abendgebet. Für viele Besucher evangelischer Gottesdienste ist dies der eigentliche Weihnachtsgottesdient. Im Zentrum der Vesper steht die Verlesung des Lukasevangeliums von der Geburt des Herrn. Oft werden auch Krippenspiele aufgeführt.

Die Christmette

wird von katholischen Gemeinden in der Nacht auf den 25. Dezember gefeiert. Sie beginnt normalerweise um Mitternacht. Für den Ablauf gilt eine eigene Choreografie, zu der Halleluja-Gesang und das Evangelium von der Geburt Jesu gehören. Nach dem weltlichen Trubel des Heiligen Abends werden die nächtlichen Feiern sehr besinnlich gestaltet. Deshalb werden sie mitunter auch „Nächtliches Weihnachtslob" genannt. In evangelischen Kirchen nennt man diese mitternächtlichen Gottesdienste zumeist Christnacht. Wie auch immer: Gefeiert wird ein Hochfest, nämlich die Geburt des Herrn.

Weitere Gottesdienste

zur Feier Jesu Geburt finden im Verlauf des 25. und 26. Dezember statt.

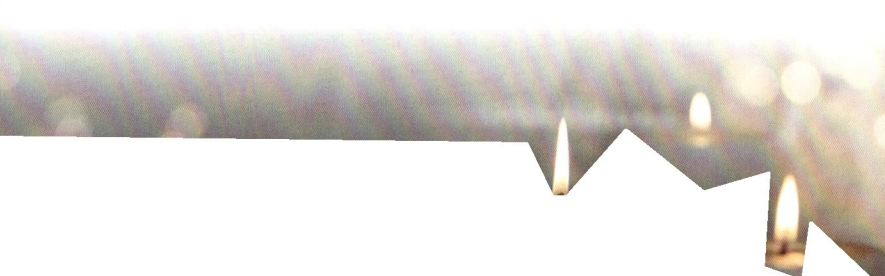

Engel brauchen keine Flügel

Wenn wir heutzutage an Engel denken, kommt uns meist Raffaels „Sixtinische Madonna" in den Sinn. An der Unterseite des Gemäldes hocken zwei Engel und schauen unbekümmert in die Welt. Längst sind sie berühmter geworden als das eigentliche Bild. Sie zieren Postkarten und Plakate, Kaffeetassen und Kuschelkissen ... Was aber haben Engel überhaupt mit Weihnachten zu tun?

„Der Engel Gabriel wurde von Gott in eine Stadt in Galiläa namens Nazareth zu einer Jungfrau gesandt. Sie war mit einem Mann namens Josef verlobt, der aus dem Haus David stammte. Der Name der Jungfrau war Maria. Der Engel trat bei ihr ein und sagte: Fürchte dich nicht, Maria; denn du hast bei Gott Gnade gefunden. Siehe, du wirst schwanger werden und einen Sohn wirst du gebären; dem sollst du den Namen Jesus geben ..."
Wenn am Heiligen Abend die Weihnachtsgeschichte in Kirchen gelesen wird, genügt ein simpler Blick nach oben, um eventuelle Zweifel an Lukas' Bericht zu zerstreuen. Ja, die himmlischen Boten weilen noch immer unter uns. Sie bevölkern zu Abertausenden die Gotteshäuser. Meist erleben wir diese Engel in kindlicher Gestalt. Sie sind, was wir uns in Kirchen nie und nimmer getrauen würden: halbnackt. Sie stoßen in Posaunen, bringen Harfen zum Erklingen und hauchen Orgeln ihren Odem ein. Doch all der himmlischen Heerscharen zum Trotz ist es uns Lebenden nicht vergönnt, sie musizieren zu hören. Nur jenen, denen sich der Himmel auftut zu ihrer letzten Reise, spielen die Flügelwesen tatsächlich auf.
Flügel? Haben Engel wirklich Flügel? Und wenn: Wozu benötigen sie diese, wo sie ja eigentlich nur aus Mondlicht und Staub bestehen?
Zumindest in frühchristlicher Zeit, so überliefern es die bildenden Künste, schienen Engel noch nicht auf solche Flughilfen angewiesen zu sein. Die Zeichner stellten die Seraphime und Cherubine ausnahmslos als Mann und stets ohne Flügel dar. Erst im frühen Mittelalter wuchsen ihnen bis zu sechs Flügel

auf einmal – inspiriert von antiken Vorbildern. Noch immer aber trugen die Engel lange weiße Gewänder oder aber einen Purpurmantel. Doch welche Kluft hat ebenjener Engel getragen, den die Bibel als ersten aller Engel nennt? Eine Rüstung vielleicht? Immerhin, so berichtet Moses, habe Gott diesen Cherubim mit einem Schwert ausgestattet, damit er das Paradies zu schützen vermöge. Sowohl im Alten als auch Neuen Testament wimmelt es geradezu vor Engeln, auch der gefallene Engel Luzifer gehört dazu. Ihre Verehrung ist in den christlichen Kirchen seit Jahrhunderten umstritten. Besonders heftig reagierte Martin Luther auf die weitverbreitete Anbetung der Himmelsboten. Engel, so wetterte der Reformator mit allem anderen als mit einer Engelszunge, seien keinesfalls Mitschöpfer, sondern allenfalls Geschöpfe. Als solche, so seine Forderung, dürften sie nicht Gegenstand des Glaubens sein.

Dennoch hängt seit der nachlutherischen Zeit der Himmel vielerorts voller Geigen. Während des Barocks und Rokokos okkupierten Engelsfiguren zahlreiche Kirchen. Die Künstler erkoren den antiken Putto zum Vorbild aus, das Niedliche und Ausschmückende begann über die vormals eher sachlichen Darstellungen zu obsiegen. Auch wenn nahezu immer Flügel ihr Erkennungszeichen sind, so haben sie diese dennoch nicht vonnöten. Moderne Theologen sind fest davon überzeugt: Letztlich vermag jedes Wesen, ob Tier oder Mensch, ermutigende Botschaften zu überbringen.

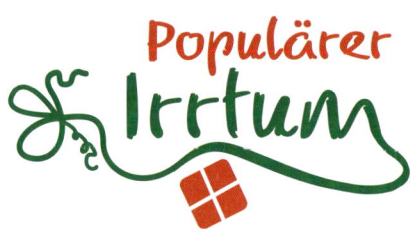

Biblische Mordsgeschichte

Kaum war Jesus geboren, trachtete man ihm bereits nach dem Leben. Kein Geringerer als König Herodes wollte ihn umbringen lassen. Tausende Knaben sollen damals gestorben sein. Kann das überhaupt stimmen?

Der Täter

Herodes war einer der mächtigsten Männer seiner Zeit. 47 vor Christus wurde er Statthalter in Galiläa. Sieben Jahre später ernannten ihn die Römer zum König von Jerusalem. Um seine Macht zu sichern, führte Herodes nicht nur Kriege, sondern räumte auch Vertraute und Familienmitglieder aus dem Weg. So tötete der König drei seiner Söhne, weil sie nach seinem Thron getrachtet hatten. Die Hinrichtung seines Erstgeborenen ließ der schwer erkrankte Herodes im Jahre 4 vor Christus vollstrecken, lediglich eine Woche vor seinem eigenen, natürlichen Tod.

Das Motiv

Es lässt sich in einem einzigen Wort zusammenfassen: Machterhalt. Das Matthäusevangelium überliefert die Situation folgendermaßen: Der Stern von Bethlehem führte die Sterndeuter zunächst an den Königshof nach Jerusalem. Hier fragten sie nach dem neugeborenen König der Juden. Herodes sei daraufhin erschrocken; der König begann, um seine Macht zu fürchten.

Die Tat

Herodes wollte die Sterndeuter zunächst als Spione nach Bethlehem entsenden. Doch sie kehrten nach der Begegnung mit Jesus wohlweislich nicht zurück an den Königshof. Im Matthäusevangelium heißt es: „Als Herodes merkte, dass ihn die Sterndeuter getäuscht hatten, wurde er sehr zornig und er ließ in Bethlehem und der ganzen Umgebung alle Knaben bis zum Alter von zwei Jahren töten." Jahrhunderte später wird von Tausenden Opfern die Rede sein.

Der Zeuge: Matthäus berichtet als einzige bekannte Person vom Kindermord. Hier schreibt er sein Evangelium nieder. Der Holzschnitt entstand in der Cranach-Werkstatt eigens für die Luther-Bibel von 1534.

Jesus befand sich dank einer göttlichen Fügung nicht unter den Ermordeten. Josef war im Traum ein Engel erschienen, der ihn vor Unheil warnte. „Da stand Josef auf und floh in der Nacht mit dem Kind und dessen Mutter nach Ägypten. Dort blieb er bis zum Tod des Herodes", berichtet Matthäus.

Das Urteil der Geschichte

Obwohl Christen an einem jeden 28. Dezember das Fest der Unschuldigen Kinder feiern, gilt die Geschichte vom Kindermord längst als mehr oder weniger erfunden. Insbesondere fällt auf, dass Herodes' Bluttaten zwar auffällig gut überliefert worden sind, aber ausgerechnet für das Massaker von Bethlehem fehlen jenseits von Matthäus weitere Belege. Neuzeitliche Historiker vermuten, dass die Mordsgeschichte auf Basis altbekannter Mythen erfunden wurde. Bereits Mose hatte den Plan des Pharao, alle hebräischen Knaben töten zu lassen, überlebt. Später führte er sein Volk aus der Sklaverei. Dieses Grundmuster wiederholt sich bei Jesus. Mit Herodes, der selbst gegenüber seinen eigenen Kindern unerbittlich war, bot sich zugleich ein perfekter Widerpart an.

Zahlensalat

18 Meter ist die größte begehbare Weihnachtspyramide hoch. Sie wird alljährlich in Hannover aufgebaut.

10,10 Meter reckt sich der größte funktionstüchtige Nussknacker in die Höhe. Er steht vor dem Nussknackermuseum im erzgebirgischen Neuhausen.

45 % der Deutschen stimmen der Aussage zu, dass Weihnachten das Fest der Liebe ist.

150 Reisebusse mit auswärtigen Besuchern kommen täglich zum Nürnberger Christkindlesmarkt.

160 Häuser gehörten zu einem Lebkuchendorf, das ein Koch aus New York im Jahr 2013 gebacken hat.

180.000 Nadeln hat ein durchschnittlich großer Weihnachtsbaum.

15.000 Brände durch Adventskränze und Weihnachtsbäume werden den deutschen Versicherern jedes Jahr gemeldet.

17.000.000 Weihnachtssterne ziehen deutsche Gartenbaubetriebe jährlich auf. Das entspricht jeder sechsten produzierten Zimmerpflanze.

700.000.000 Euro setzen die Weihnachtsbaumhändler jährlich in Deutschland um.

145.000.000 Weihnachtsmänner und Nikoläuse stellt die deutsche Süßwarenindustrie im Jahr aus Schokolade her. Jeder dritte wird exportiert.

Das 13. Gehalt

Weihnachten geben die Menschen zwar viel Geld aus, viele erhalten aber auch mehr Geld als sonst. Das vom Arbeitgeber ausgezahlte Weihnachtsgeld wird oft als 13. Monatsgehalt bezeichnet. Eine milde Gabe ist es dennoch nicht. Immerhin wurde es meist in Tarifgesprächen hart erstritten.

Arbeitnehmer erhalten Weihnachtsgeld entweder auf Grund tariflicher Regelungen, auf der Basis von individuellen Verträgen oder dank der sogenannten betrieblichen Übung. Im letztgenannten Fall hat der Arbeitgeber sich freiwillig dazu entschlossen. Behält er dieses Prozedere bei, kann daraus sogar ein einklagbarer Anspruch erwachsen. Auch Beamte erhalten Weihnachtsgeld; diese Zahlungen sind gesetzlich geregelt. Im Normalfall wird ihnen der einst einmalige Betrag gleichmäßig verteilt übers gesamte Jahr ausgezahlt.

Im Jahr 2018 betrug das durchschnittliche Weihnachtsgeld in Deutschland 2.583 Euro brutto. Das geht aus einer Erhebung des Statistischen Bundesamtes hervor. Im Alltag zeigen sich erhebliche Unterschiede. So lag in jenem Jahr die Sonderzahlung der Tarifbeschäftigten in Westdeutschland mit 2.595 Euro um einen Hunderter höher als in Ostdeutschland (2.499 Euro). Allerdings erhielten nur knapp 9 von 10 Tarifbeschäftigten eine solche Sonderzahlung (86,8 %).

Erhebliche Unterschiede zeigen sich im Branchenvergleich. Tarifbeschäftigte im Bereich „Gewinnung von Erdöl und Erdgas" waren 2018 die Spitzenverdiener. Sie erhielten durchschnittlich 5.679 Euro als Weihnachtsgeld, also mehr als ein Monatsgehalt. Auch Beschäftigte der Rundfunkanstalten (5.246 Euro) sowie im Bereich „Kokerei und Mineralölverarbeitung" (4.795 Euro) und in der chemischen Industrie (4.728 Euro) wurden großzügig beschert.

Das niedrigste Weihnachtsgeld erhielten laut Statistischen Bundesamt die Tarifbeschäftigten im Bereich „Vermittlung und Überlassung von Arbeitskräften" mit 316 Euro. In den Wirtschaftszweigen „Landwirtschaft und Jagd" (488 Euro) sowie „Wach- und Sicherheitsdienste sowie Detekteien" (501 Euro) wurde ebenfalls ein extrem unterdurchschnittliches Weihnachtsgeld gezahlt.

Was wir auf den Kopf hauen

Wie viel Geld geben die Deutschen durchschnittlich für Weihnachtsgeschenke aus? Laut einer repräsentativen Umfrage sollen es im Jahr 2018 durchschnittlich 472 Euro gewesen sein. Natürlich haben Durchschnittswerte immer ihre Tücken. Deshalb lohnt der Blick aufs Detail.

Wie kommen Meinungsforscher zu einem solchen Wert? Theoretisch wäre dies so möglich: Sie fragen zwei Personen. Eine gibt an, überhaupt nichts kaufen zu wollen. Die zweite Person möchte 944 Euro ausgeben. Und schon stimmt die Sache mit dem Durchschnitt perfekt, obschon sie die Realität nie und nimmer abbildet. Deshalb befragen seriöse Meinungsforscher stets eine repräsentative Zahl von Menschen. Im konkreten Fall hat das Institut für empirie & Statistk (Ifes), (FOM Hochschule, München) exakt 55.892 Personen interviewt. Deren Mindestalter lag bei 12 Jahren.

Im Detail ergab die Studie:
Die Hälfte der deutschen Bevölkerung gibt pro Person mehr als 300 Euro für Geschenke aus.
Mehr als jeder fünfte Bürger macht über 500 Euro locker.
Berufstätige geben durchschnittlich 514 Euro aus.
Arbeitssuchende wenden pro Kopf 274 Euro auf.
Schüler leisten sich Geschenke für 162 Euro.
Rentner investieren sogar 545 Euro in Geschenke.
In Süddeutschland geben die Menschen durchschnittlich mehr aus (490 Euro) als in Mittel- (476) und Norddeutschland (451).
Männer sind etwas spendabler als Frauen.

Geschenke, Geschenke

Männer kaufen meist in letzter Minute ihre Geschenke. Frauen mögen's praktisch. Und Parfum sowie Strümpfe und Krawatten gehören zu den Lieblingsgeschenken unter deutschen Weihnachtsbäumen. Ach ja? Wie ist es wirklich?

Gutscheine sind, zumindest seitens der Schenkenden, zur beliebtesten Gabe geworden. Mehr als jeder zweite Deutsche greift zu dieser Form des Geldgeschenks. Aber auch Kosmetikprodukte sowie Bücher und Tickets werden häufig verschenkt. Das geht aus einer umfassenden Studie des Ifes hervor. Die Befragten konnten dabei Mehrfachangaben machen, ganz so also, wie es im realen Leben zugeht.

Mit 56 % gab mehr als die Hälfte der interviewten Bürger an, beim Kauf auf Schnäppchen zu achten. Nur jeder dritte Schenkende (33 %) legte gesteigerten Wert darauf, ein Markenprodukt zu erwerben. Bei der Auswahl der Geschenke verlassen wir uns demnach überwiegend auf Empfehlungen von Freunden und Bekannten. Aber auch eine persönliche Beratung durch Fachverkäufer im Geschäft ist uns wichtig; etwas weniger orientieren wir uns an Kundenbewertungen im Internet.

Richtig ist, dass Männer häufiger als Frauen erst kurz vor Weihnachten ihre Geschenke kaufen. Rund 40 % der Männer erledigen dies nach dem 15. Dezember. Aber auch jede vierte Frau (24 %) handelt so. Der tiefere Blick zeigt, so heißt es in der Studie: „Je jünger, desto kurzfristiger und je älter, desto langfristiger werden die Einkäufe für die Weihnachtsgeschenke besorgt." Immerhin jeder siebte Altersrentner gibt an, seine Geschenke über das ganze Jahr verteilt zu kaufen; dies kann auch schon im Januar der Fall sein.

Wir schreiben an
den Weihnachtsmann

Gibt es ein schöneres Fest als Weihnachten? Ja! Zum Beispiel Weihnachten mit kleinen Kindern. Dazu passt, dass es himmlische Postämter gibt.

Wir schicken nicht einfach nur Wunschzettel nach Himmelsberg (Thüringen) und Himmelstadt (Bayern) oder nach Engelskirchen (Nordrhein-Westfalen) und Himmelpfort (Brandenburg). Wir haben vor allem viel Spaß mit unseren Kindern und Enkeln, uns kleine Geschichten rund um die Wünsche auszudenken und die Briefe kunstvoll zu gestalten.
Jeder, der bis spätestens zum dritten Advent an ein Weihnachtspostamt schreibt, erhält normalerweise eine Antwort. Heimatvereine kümmern sich darum, oft werden sie dabei von der Deutschen Post unterstützt. Da in den Postämtern mitunter mehrere Zehntausend Briefe eingehen, ist ein frühzeitiges Absenden wichtig.

Typische Adressen in Deutschland sind:
An den Weihnachtsmann in 16798 Himmelpfort
An den Weihnachtsmann in 99706 Sondershausen, Ortsteil Himmelsberg
An den Weihnachtsmann in 31137 Hildesheim, Ortsteil Himmelsthür
An den Weihnachtsmann in 31535 Neustadt am Rübenberge, Ortsteil Himmelreich
An das Christkind in 21709 Himmelpforten
An das Christkind in 97267 Himmelstadt
An das Christkind in 51777 Engelskirchen
An den Nikolaus in 66351 St. Nikolaus
An den Weihnachtsmann in 49681 Garrel,
Ortsteil Nikolausdorf

Sowie in Österreich:
An das Christkindl in 4411 Christkindl

Eisenbahn statt Kriegsheer

Kriegsspielzeug passt nicht als Gabe zu einem derart friedlichen Fest wie Weihnachten. Ach ja? Vor gut 200 Jahren sah das mit Heinrich Hoffmann von Fallersleben ausgerechnet der Dichter unserer Nationalhymne noch anders.

„Morgen kommt der Weihnachtsmann, kommt mit seinen Gaben." So eröffnet Hoffmann von Fallersleben sein anno 1835 für Kinder geschriebenes Gedicht, um sogleich so fortzufahren: „Trommel, Pfeife und Gewehr, Fahn und Säbel und noch mehr, ja ein ganzes Kriegesheer, möcht' ich gerne haben."
Ein ganzes Heer? Viele Deutsche sind sich dieses Wunsches überhaupt nicht bewusst. Kein Wunder! Sowohl in der DDR als auch in der alten Bundesrepublik sang man Hoffmann von Fallers-

lebens Gedicht zwar weiterhin, jedoch waren die Originalverse entmilitarisiert worden. Nun standen Pfefferkuchen und eine Eisenbahn auf dem Wunschzettel, eine Krippe mit Kind, Schaf und Stier, lauter schöne Dinge ...
Während über den Text der Nationalhymne immer mal wieder heftig und lautstark debattiert wird, vollzog sich die Umdichtung von „Morgen kommt der Weihnachtsmann" passend zur Weihnachtszeit – still und leise.
Heinrich Hoffmann von Fallersleben (1798–1874) hat selbst nie dem Militär angehört. Zwar sollte er als 20-Jähriger in Celle zum Dienst verpflichtet werden. Doch seinem Vater gelang es, den Sohn freizukaufen.

Wer ist wer?

Weihnachten ohne Geschenke, das ist in unseren Breiten kaum noch vorstellbar. Wer aber bringt die Gaben – und wann? Und was hat dies alles mit drei Jungfrauen zu tun, die sich prostituieren sollten?

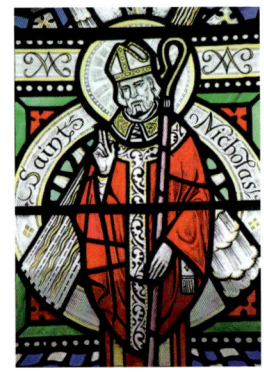

Der Nikolaus

ist der klassische Gabenbringer. Bereits im Hochmittelalter brachte er Geschenke am 6. Dezember, heutzutage auch bereits oft in der Nacht zum 6. Dezember. Das Datum entspricht dem Todestag von Nikolaus, dem Bischof von Myra. Der historisch verbürgte Bischof wirkte im vierten Jahrhundert im Gebiet des heutigen Antalya (Türkei). Er galt als mildtätig und spendabel. Der Legende nach hat er eines Nachts Goldstücke ins Haus eines armen Vaters geworfen, damit dieser nicht aus der Not heraus seine drei jungfräulichen Töchter an ein Bordell verkaufen musste. Diese Tat ist sozusagen das Urmoment des Bescherens.
Nikolaus ist einer der wichtigsten Heiligen der Ostkirchen.
Gut möglich, dass die Nikolausverehrung in Deutschland auf Theophania zurückgeht. Die Tochter eines byzantinischen Feldherrn wurde ausgangs des 10. Jahrhunderts die Ehefrau des römisch-deutschen Kaisers Otto II., einige Jahre regierte sie sogar allein.

Knecht Ruprecht

tritt traditionell an der Seite des Nikolaus auf. Er ist es, der die Rute schwingt und so renitente Kinder zur Artigkeit zwingen möchte. Ursprünglich lässt sich Ruprecht als diabolische Gestalt interpretieren, der die Seelen von Sündern zu verschlingen droht. Vor allem in Alpenregionen ist er auch als Kinderfresser bekannt. So steht in Bern (Schweiz) der Kinderfresserbrunnen. Er zeigt einen grobschlächtigen Mann, der sich ein Kind in den Rachen stopft. Weitere Knirpse stecken noch in seinem Sack.
Mittlerweile ist Knecht Ruprecht in vielen Regionen entdämonisiert worden. Er darf sich freundlich geben.

Krampus

ist die alemannische sowie alpenländische Entsprechung des Knechts Ruprecht. Unter dem Patronat von Krampus stehen vielerorts aufwändig inszenierte Umzüge. Sie finden meist am Vorabend des Nikolaustages statt. Dabei haben oft auch Gestalten aus der sagenhaften Welt der Perchten ihren ersten großen Auftritt; sie begleiten die Weihnachtszeit bis in den Januar hinein.

Das Christkind

ist blondgelockt und gleicht einem Engel. Unbemerkt von den Kindern legt es die Gaben unter den Weihnachtsbaum. Es beschert vor allem in katholischen Regionen, obschon es letztlich eine Erfindung Martin Luthers ist. Der Reformator hatte sich massiv gegen die Verehrung von Heiligen stark gemacht, damit also auch gegen St. Nikolaus. Andererseits wollte er gern an dem Brauch des Schenkens festhalten. Deshalb verlegte er die Gabenübergabe auf den Weihnachtstag. Somit war auch der Job des Gabenbringers neu zu vergeben. Da die Bescherung fortan im Namen von Christus erfolgen sollte, lag es seitens der protestantischen Geistlichen nahe, auf eine engelsgleiche Gestalt als Überbringer zu setzen.

Das Christkind setzte sich zunächst in protestantischen Regionen durch, später auch im katholischen Rheinland und in Süddeutschland. In den meisten evangelischen Gebieten wurde das Christkind mittlerweile in den Ruhestand geschickt. Das schenkende Christkind ist nicht identisch mit dem neugeborenen Jesuskind, welches allerdings mitunter auch Christkind genannt wird.

Der Weihnachtsmann

ist dem Vorbild des katholischen Nikolaus entlehnt. Seit der Mitte des 18. Jahrhunderts löste er vor allem in protestantischen Gebieten das Christkind als Gabenbringer ab. Man darf dies mit Blick auf Luther durchaus als feine Ironie der Geschichte verstehen. Allerdings wird der Weihnachtsmann längst nicht mehr als Heiliger gesehen, sondern als weltliche und zunehmend auch als kommerzialisierte Figur.

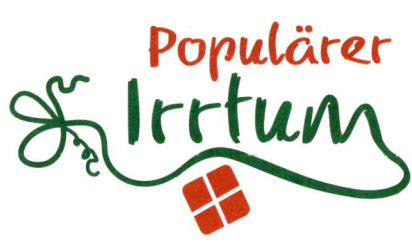

Coca-Cola
und der Weihnachtsmann

Vor allem in den westlichen und südlichen Bundesländern hört man immer mal wieder, dass der rotgekleidete Weihnachtsmann eine Erfindung von Coca-Cola sei. Der Limonadenhersteller selbst stellt dies zwar in Abrede, nicht ohne seine Santa-Claus-Tradition dennoch sehr selbstbewusst zu pflegen. Wie aber kam es zu dem populären Irrtum?

Die Antwort lässt sich kurz und bündig geben: dank jahrzehntelanger Werbung. Seit 1931 hatte Coca-Cola immer wieder einen freundlichen älteren Herrn mit weißem Rauschebart als Markenbotschafter ausgesandt. „Das war ein echter Weihnachtsmann. Er war groß und fröhlich, trug Rot und Weiß. Er sah einfach wie Santa aus", sagt Ted Ryan, der ehemalige Leiter des Coca-Cola-Archivs in Atlanta (USA).

Natürlich weiß man auch bei Coca-Cola, dass der wahre Weihnachtsmann aus Europa stammt. In Deutschland hatten seit den 1830er Jahren unzählige Kinder das Lied „Morgen kommt der Weihnachtsmann" gesungen. Zudem brachten niederländische Auswanderer die Tradition des Sinterklaas mit in die USA. In der Werbung ließ Coca-Cola dann beide Vorstellungswelten miteinander verschmelzen. 1923 setzte der Brausefabrikant erstmals einen Santa als Werbebotschafter ein. Allerdings sah dieser Herr noch recht grimmig aus. Acht Jahre später zeichnete der Grafiker Haddon Sundblom dann jenen Santa, der weltweit bekannt werden sollte. Er kleidete ihn in einen roten Mantel, so dass Santa Claus dank seines weißen Bartes auch noch die typischen Farben der Cola-Marke zur Schau trug. Allerdings ist nicht mal der rote Mantel eine Erfindung der Amerikaner. Zwar gab es zuvor immer wieder auch Abbildungen mit blauen und braunen Mänteln. Aber bereits ausgangs des 19. Jahrhunderts waren in Deutschland Weihnachtskarten gedruckt worden, die den Weihnachtsmann im weiß-roten Mantel zeigen. Ab und an tauchen solche Karten noch bei Internet-Auktionen auf. So war eine bei Ebay angebotene Weihnachtskarte von 1899 einem Käufer stolze 220 Euro wert. Auch Sammler aus den USA bieten bei solchen Auktionen mit; vermutlich sind diese Karten für sie so etwas wie der ultimative Beweis wider die Coca-Cola-Legende. Das Unternehmen selbst sagt: Wir haben Santa nicht erfunden, aber wir haben geholfen, ihn weltweit bekannt zu machen.

Die erste deutsche Coca-Cola war am 8. April 1929 abgefüllt worden – bei der Essener Vertriebsgesellschaft für Naturgetränke.

Der rotberockte Weihnachtsmann auf einer deutschen Grußkarte aus dem Jahre 1904

In der Heimat der Rentiere

Der Weihnachtsmann ist ein weißbärtiger Alter, der einsam im tiefen Wald lebt. Oder ist es doch der Nordpol, an dem seine Hütte steht? Und wie gelangt er am Tag der Tage zu den Menschen? Stapft er mit einem Sack auf dem Rücken durch den tiefen Schnee? Oder hat er Helfer?

Fragen wie diesen gehen Jahr für Jahr mehr als 400.000 Touristen in Rovaniemi nach. Die finnische Stadt liegt direkt am Polarkreis. Wenigstens sechs Monate im Jahr liegt hier Schnee. Das sind nicht nur perfekte Bedingungen für Wintersportler, sondern auch für den Weihnachtsmann.

Rovaniemi nimmt für sich in Anspruch, der offizielle Wohnort des Weihnachtsmanns zu sein, allerdings erst seit den 1950er Jahren. Zuvor vermuteten die Finnen den Wohnsitz des Weißbärtigen noch im Berg Korvatunturi an der Grenze zu Russland. Anlässlich eines Besuchs von Eleanor Roosevelt änderte sich plötzlich alles. Die Finnen wollten der ehemaligen First Lady der USA unbedingt ein Treffen mit dem Weihnachtsmann ermöglichen. Eigens dafür baute man eine besondere Hütte auf. Alsbald verselbstständigte sich die Idee mehr und mehr – bis hin zur Errichtung eines ganzjährig geöffneten Weihnachtsdorfs.

Natürlich können Touristen hier auch Fahrten mit einem Rentierschlitten buchen. Fliegende Rentiere sind jedoch allein dem Weihnachtsmann vorbehalten. Wenn er einfach nur mal so durch die tiefverschneiten Wälder seiner Heimat fährt, genügt auch ihm ein einziges Rentier. Was aber passiert Weihnachten? Genau, dann sind es derer neun, die der Weihnachtsmann einspannt. Das berühmteste unter ihnen ist dank seiner roten Nase ein gewisser Rudolph.

Zuckerbrot und Peitsche

„Lieber, guter Weihnachtsmann, guck mich nicht so böse an. Stecke deine Rute ein, will auch immer artig sein!" Generationen von Kindern sind mit diesen Versen aufgewachsen. Sie erzählen von der guten ebenso wie von der strengen Seite des Weihnachtsmanns. Kritik an dieser Doppelrolle ist keine Erfindung der Gegenwart. Sie gab es bereits vor rund 250 Jahren.

Am 22. Dezember des Jahres 1770 veröffentlicht ein gewisser Johann Samuel Schröter einen mehrseitigen Hilferuf in der Wochenzeitung „Mannigfaltigkeiten". Das Datum ist mit Bedacht gewählt. Schröter ist Pastor in Thangelstedt und Rettwitz (Thüringen). In seinem Bericht schildert er Erlebnisse während Hausbesuchen. Vor allem in der Weihnachtszeit habe er immer wieder von unsäglichen Bräuchen erfahren. Insbesondere erbost ihn, dass der Weihnachtsmann sowohl als milder Gabenbringer als auch als Mann mit der Rute dargestellt wird. „Ich bin durch die Mittel, wodurch man die kleinen Kinder zur Freude und zur Artigkeit ermuntern wollte, recht ernstlich niedergeschlagen worden", schreibt er. „Wie ist es doch möglich, dass vernünftige christliche Eltern das Andenken der seligsten Begebenheit in so unseligen Bildern aufbehalten, und die Einbildungskraft ihrer anwachsenden Jugend durch die lächerlichsten und anstößigsten Vorstellungen verderben können!" Weiter heißt es: „Und was mögen wohl die Kinder von einem Weyhnachtsmann für seltsame Begriffe sammeln, der ihnen, unter den gräßlichsten Gestalten, als ein Belohner ihres Gehorsams und ihrer Artigkeit, zugleich aber als der schrecklichste Züchtiger ihrer Unarten vorgemahlt, oder gar in öffentlichen Buden mit einem dicken Schafpelz bekleidet und gleichsam ganz hinter einem fürchterlichen Bart verborgen zur Schau oder zu einem Schreckbild ausgestellt wird?"
Schröter berichtet von Gestalten, die als Knecht Ruprecht mit Peitschen und Ruten durch die Dörfer ziehen und Kindern die „wahreste Todesangst" einjagen. Auch würden Mütter und Väter den Kindern drohen, dass ihnen das Christkind in Fällen von Unartigkeit die Augen ausblasen würde.
Was also tun? Der Pastor rät zu dem, was Weihnachten bis heute ausmacht. Er fordert seine Mitbürger auf, die Zeit besinnlich und andächtig miteinander zu verbringen. Eltern sollen Kindern vor allem die Weihnachtsbotschaft anschaulich erzählen und die Tage ansonsten so feierlich als möglich gestalten. So einfach kann das also sein …

Eva, verziehen sei dir!

Am 20. Dezember 1814 reiste Johann Wolfgang von Goethe von Weimar aus ins nahe Jena. Er war zu einer Familienfeier bei dem Orientalisten Georg Wilhelm Lorsbach geladen – ohne zu ahnen, dass er es sein würde, der die gefährdete Weihnachtsstimmung retten sollte.

Lorsbach hatte, so besagt eine zeitgenössische Niederschrift, eine Tochter. Für sie hatte er in einem Nebenzimmer einen Weihnachtsbaum mit Äpfeln und anderen Gaben hergerichtet. „In einem andern Zimmer musizierte man unterdessen, sang, spielte Karten, konversierte mit Goethe. Aber gleichzeitig stahlen sich bei einer anderen Türe zwei schelmische Kumpane und Spaßvögel in jenes geschlossene Zimmer hinein, beraubten den ganzen Baum der Früchte, Äpfel und Nüsse und kehrten wieder in die Gesellschaft zurück, als ob nichts vorgefallen wäre. Schlag 7 kam der Hausvater mit der Tochter an der Seite in die Gesellschaft, öffnete die Tür und lud die Gesellschaft in jenes Zimmer zum Weihnachtsbaum ein. Wie groß war die Verwunderung und der Schrecken aller, als der Baum leer und nackt mitten im Zimmer stand."

Der Dichter sei, so der Bericht, sinnend vor dem Baum stehen geblieben. Hinter ihm die ganze Gesellschaft, erstarrt in Ehrfurcht und wohl auch vor Scham. Was nur würde der Ehrengast von der Familie halten?

Goethe aber „öffnete den Mund und sprach scherzhaft mit ernster Stimme: ‚Eva, verziehen sei dir! Es haben ja Söhne der Weisheit rein geplündert den Baum, welchen der Vater gepflanzt.' Freudiges Händeklatschen, Gelächter und Scherze ertönten bei diesen witzigen Versen von allen Seiten und versüßte in erfreulicher Weise diesen ganzen Abend bis in die späte Nacht hinein."

Worüber aber wurde bis in die Nacht gesprochen? Was trug zur Erheiterung bei? Machten auch andere, kuriose Geschichten über den Christbaum die Runde, so wie es noch immer in vielen Familien üblich ist? Der Chronist schwieg sich darüber aus …

Ein Küsschen in Ehren ...

Weihnachten haben wir nicht nur Gäste. Weihnachten sind wir auch gern bei anderen zu Gast. Dann futtern wir uns mal so richtig durch. Für die Mistel, jene mystische Pflanze, gilt dies als Lebensmaxime. Sie ist ein Halbschmarotzer. Sie ernährt sich weitgehend von ihrer Wirtspflanze. Ihrer Beliebtheit bei uns Menschen schadet dies nicht.

Spätestens seit Asterix und Obelix wissen wir: Misteln wohnen magische Kräfte inne. Wann immer die Gallier an ihrem aus Misteln gebrühten Zaubertrank nippen, wird ihnen übermenschliche Stärke verliehen. Im Comic ist es stets der Druide Miraculix, der die Zweige mit einer goldenen Sichel aus Eichen schneidet. Der Vorgang an sich ist übrigens keine Erfindung der Zeichner. Bereits vor knapp 2000 Jahren hatte der römische Gelehrte Plinius von weißgekleideten Druiden und ihrer Mistelernte berichtet.

Wir haben es heutzutage einfacher, wir können die Zweige in der Weihnachtszeit beim Floristen erwerben. Bei uns wandern die immergrünen Misteln auch nicht in einen brodelnden Kessel. Wir hängen sie viel lieber über Türen auf. Wann immer ein Pärchen, mehr oder weniger zufällig, unter einem aufgehängten Zweig steht, herrscht Kussfreiheit. Wer sich nicht verweigert, wird der Legende nach mit ewiger Treue belohnt.

Der Brauch stammt aus den USA und aus Großbritannien. Sein Ursprung gilt als unbekannt. Volkskundlich gibt es Bezüge nicht nur zu den Galliern, sondern auch in die nordische Sagenwelt sowie in die antike Mythologie.

O Mägdelein, wie falsch ist dein Gemüte

„O Tannenbaum, wie grün sind deine Blätter." Diesen Vers kennt vermutlich jeder Deutsche. Bereits seit mehr als 400 Jahren gibt es verschiedene Versionen des Lieds. Es ist aber keineswegs als weihnachtliche Weise entstanden, wie man glauben könnte – sondern als ein Liebeslied.

Dem Lied vom Tannenbaum erging es wie vielen anderen volkstümlichen Weisen. Da seine Melodie sehr eingängig ist, wurden immer wieder neue Texte dazu geschrieben. Bereits aus dem späten 16. Jahrhundert ist eine Version überliefert, in der es heißt: „O Tanne, du bist ein edler Zweig, du grünest Winter und die liebe Sommerzeit". 1819 entstand eine Version, in der der Sänger die Untreue seiner Geliebten beklagt. „O Mägdelein, o Mägdelein, wie falsch ist dein Gemüte", heißt es da. Ganz anders sei es um die Tannen bestellt: „O Tannenbaum, o Tannenbaum, wie treu sind deine Blätter!"
Bereits fünf Jahre später wurde aus dem Liebeslied ein Weihnachtslied. Der Leipziger Lehrer Ernst Anschütz schrieb 1824 die bis heute nahezu unveränderte Fassung. Anschütz war Sohn eines Pfarrers aus Goldlauter (Thüringen). In seiner Wahlheimat Leipzig gab er das „Musikalische Schulgesangbuch" heraus.
Zu seinen bekanntesten Liedern gehören „Es klappert die Mühle am rauschenden Bach" und „Fuchs, du hast die Gans gestohlen". Auch wenn dies im Text nicht ausdrücklich erwähnt wird, ist doch gut möglich, dass der Fuchs ausgerechnet eine Weihnachtsgans gestohlen hatte ...

Zur Melodie von „O Tannenbaum" sind immer wieder scherzhafte Textvarianten entstanden. So reimte man im Ruhrgebiet nach der Abdankung von Kaiser Wilhelm II. im Jahre 1918: „O Tannenbaum, der Kaiser hat in' Sack gehaun, er kauft sich einen Henkelmann und fängt bei Krupp in Essen an."

Weihnachtlicher Superhit

„Stille Nacht" ist das vermutlich berühmteste Weihnachtslied. Gut möglich, dass wir die Existenz dieses Liedes vor allem dem Umstand zu verdanken haben, dass im Jahre 1818 die Orgel in der St. Nikolaus Kirche von Oberndorf (bei Salzburg) defekt war.

Der damalige Hilfspriester Josef Mohr übergab dem Organisten Franz Gruber kurz vor Heiligabend ein Gedicht mit der Bitte, es für eine Gitarren-Begleitung zu vertonen. Wenig später trugen sie das Lied gemeinsam bei der Christmette vor. Mohr spielte auf der Gitarre, er und Gruber sangen. Während das Lied alsbald weite Verbreitung fand, gerieten der Texter und der Komponist zunächst in Vergessenheit. Als 1833 der Erstdruck des Liedes in einem Sammelband erfolgte, geschah dies deshalb noch unter dem allgemeinen Titel „Vier ächte Tyroler-Lieder". Erst zwei Jahrzehnte später wurden

die wahre Geschichte und mit ihr Mohr und Gruber weithin bekannt. Nun erfuhr die Welt auch, dass der Texter seine Verse bereits 1816 geschrieben hatte – getragen von großer Friedenssehnsucht nach dem Ende der napoleonischen Kriege. 1924 wurde in Oberndorf mit dem Bau einer Stille-Nacht-Gedächtniskapelle begonnen. Sie ist mittlerweile zur Touristenattraktion geworden. Auch ein kleines Museum erinnert am authentischen Ort an die Entstehung und Verbreitung des Lieds. Es soll weltweit in über 300 Sprachen und Dialekte übersetzt worden sein. Außerdem ist „Stille Nacht, heilige Nacht" seit 2011 offiziell als imma- terielles Kulturerbe in Österreich anerkannt.

Die Stille-Nacht-Kapelle

Unser Meister heiligt die Geister

„O du fröhliche, o du selige, gnadenbringende Weihnachtszeit! Welt ging verloren", heißt es in einem der beliebtesten deutschen Weihnachtslieder, um sogleich optimistisch fortzufahren: „Christ ist geboren, freue Dich, O Christenheit." Entstanden war das Lied aber keineswegs, um nur Weihnachten gesungen zu werden.

Vermutlich im Jahre 1815 schrieb der Publizist Johannes Daniel Falk die ersten drei Strophen von „O du fröhliche". Er textete sie zu einer Melodie, die in Deutschland wenige Jahre zuvor als sizilianische Marienhymne bekannt geworden war. Falk verfolgte mit seinem Lied klare Intentionen. Es sollte vor allem zur Erbauung von Waisenkindern dienen, die er und seine Frau Caroline betreuten. Falk hatte 1813 vier seiner eigenen Kinder nach einer Typhuserkrankung verloren. Auch vor diesem Hintergrund gründete er wenig später in Weimar die „Gesellschaft der Freunde in der Not". Sie unterstützte Kinder und Jugendliche, die durch die napoleonischen Kriege eltern- und heimatlos geworden waren. Zunächst nahmen die Falks in ihrer eigenen Wohnung 30 Waisen auf. Schon bald kamen weitere Quartiergeber hinzu, schließlich entstand ein eigenes Waisenhaus. Die Zahl der betreuten Kinder wuchs und wuchs; in Spitzenzeiten sollen es um die 400 gewesen sein. Wie auch immer: Mit seinem Projekt gilt Johannes Daniel Falk als Begründer der Jugendsozialarbeit in Deutschland.
„O du fröhliche" gehörte zu jenen Liedern, die Falks Schützlinge auswendig lernen mussten. Er selbst nannte es ein Allerdreifeiertagslied. Es hatte jenseits der Weihnachtsstrophe ursprünglich auch zwei Strophen, die sich auf Ostern und Pfingsten bezogen. Auch diese beiden Strophen beginnen mit „O du fröhliche, o du selige", ehe diese Verse folgen: ... gnadenbringende Osterzeit! Welt liegt in Banden, Christ ist erstanden" sowie „ ... gnadenbringende Pfingstenzeit! Christ, unser Meister, heiligt die Geister".
Die heutige Fassung der zweiten und dritten Strophe stammt von Falks Mitarbeiter Heinrich Holzschuher. Sie wurden 1826, im Sterbejahr Falks, erstmals veröffentlicht.

50

Bachs große Weihnachtsmusik

Weihnachtsoratorien gibt es Dutzende. Seit der Reformation wurde die biblische Geschichte der Geburt Jesu immer wieder neu vertont, bis in die jüngere Gegenwart. Doch kein Oratorium ist so beliebt wie jenes von Johann Sebastian Bach. Wird es aufgeführt, dann füllen sich die meisten Kirchen wie von allein.

Johann Sebastian Bach, Denkmal in Leipzig

„Jauchzet, frohlocket! Auf, preiset die Tage."
Wenn ein Chor diese Zeilen anstimmt, dann sind die Zuhörer sogleich mittendrin im Geschehen. Dann tönen die Pauken und es erschallen die Trompeten. Und wir, wir sollen jauchzen, wir dürfen uns freuen.

Mit diesem Frohlocken eröffnet Bachs Weihnachtsoratorium. Es ist seit gut 300 Jahren ein Inbegriff weihnachtlicher Musik. Johann Sebastian Bach, der große Thüringer, hat es komponiert. Zur Jahreswende 1734/35 wurde es erstmals in Leipzig aufgeführt.

So sehr das Oratorium auch die Geburt Jesu feiert, ist es auch bei Nichtgläubigen von großer Popularität. Die Chorlieder berühren uns; sie erzählen von alten Zeiten, in denen allein das Gute obsiegte. Natürlich wissen wir, dass dies Paradies verloren ging. Aber zumindest eine Aufführung lang geben wir uns inniglich der Illusion hin. „Dass ich nimmer vergesse dein!"

Jeden Dezember gibt es zahlreiche Aufführungen in Kirchen. Dann hören wir aber meist nur Auszüge. Tatsächlich besteht die Originalfassung aus sechs umfänglichen Teilen. Sie sollten nach Bachs ursprünglicher Intention an sechs Tagen zwischen dem Heiligabend und dem Dreikönigstag (6. Januar) aufgeführt werden.

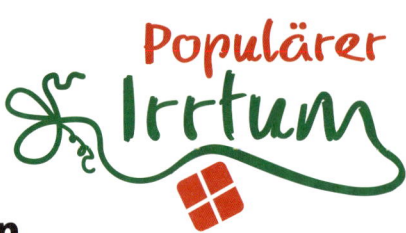

Wie viele Kerzen hat ein Adventskranz?

„Advent, Advent, ein Lichtlein brennt. Erst eins, dann zwei, dann drei, dann vier, dann steht das Christkind vor der Tür." Die Verse täuschen: Auch wenn es vier Adventssonntage gibt, gehören auf einen klassischen Adventskranz weit mehr Kerzen. Genauer gesagt: mindestens 22 …

Der erste Adventskranz soll im Jahr 1839 in einer Bauernkate angezündet worden sein, im sogenannten Rauhen Haus. Er bestand aus einem Wagenrad mit 20 kleinen roten und vier großen weißen Kerzen. Die kleinen Kerzen symbolisierten die Werktage, die großen die Sonntage.

Die Idee dazu stammte vom Sozialpädagogen Johann Hinrich Wichern. Bereits sechs Jahre zuvor hatte er im Hamburger Vorort Horn eine Anstalt zur Rettung verwahrloster und schwer erziehbarer Kinder gegründet. Mit dem Adventskranz wollte Wichern seinen Schützlingen das Warten auf den Heiligabend verkürzen. In jenem 1839er Jahr war der erste Advent auf den 1. Dezember gefallen. Entsprechend kam der Sozialpädagoge mit genau 24 Kerzen aus. Da das Datum des ersten Advents jedoch wandert, gehören zu einem Wichern-Kranz unterschiedlich viele Kerzen. In jenen Jahren, in denen der vierte Advent auf Heiligabend fällt, sind es lediglich 18 kleine und vier große. Bis zu 24 kleine sind möglich, während die Zahl der großen Kerzen stets konstant bleibt.

Adventskränze nach dem Wichern-Vorbild werden vor allem an symbolträchtigen Orten noch immer aufgestellt bzw. aufgehängt, etwa im Bundestag, im Hamburger Rathaus – und natürlich in heutigen Einrichtungen der Stiftung „Das Rauhe Haus".

1983 erinnerte die Bundespost mit einer Sonderbriefmarke an die Gründung des Rauhen Hauses. Die Marke hat der Grafiker Holger Börnsen entworfen.

Allerlei Geplapper

Redensarten haben es in sich. Oft steckt in ihnen eine andere Botschaft als die Wörter für sich genommen bedeuten. Das ist in der Weihnachtszeit kaum anders.

Das ist ja, als ob Weihnachten und Ostern auf einen Tag fallen.

Natürlich ist ein solches Zusammenfallen der Feiertage nicht möglich. Und genau deshalb ist diese Redewendung auch nur im übertragenen Sinne zu verstehen. Wer meint, Ostern und Weihnachten gleichzeitig zu erleben, bringt damit ein äußerst großes Glücksgefühl zum Ausdruck. Das, was man in diesem Moment erlebt, wiederholt sich nur selten im Leben.

Du grinst ja wie ein Honigkuchenpferd!

Aufgepasst! Bei dem vermeintlichen Kompliment könnte es sich durchaus um eine Beleidigung handeln. Wer derart grinst, lacht in den Augen anderer Menschen nicht unbedingt freundlich – sondern dümmlich. Eindeutig ist die Aussage eigentlich nur dann, wenn an die Stelle des Grinsens ein Strahlen gesetzt wird. Wer strahlt wie ein Honigkuchenpferd, der freut sich über alle Maßen.

Honigkuchen sind Lebkuchen, welche mit viel Honig gesüßt werden. Sie werden gern in traditionellen Formen ausgebacken, dazu gehören Pferde. Honigkuchenpferde haben oft mit weißer Glasur aufgemalte Gesichter mit breit grinsenden Zahnreihen.

Das ist ja eine schöne Bescherung!

Wer diese Redewendung nutzt, meint dies meist ironisch. Sie bringt zum Ausdruck, dass man etwas anderes erhalten hat als erwartet. Nicht nur materielle Geschenke können damit gemeint sein, sondern auch unerwartete, problembehaftete Situationen. Das Substantiv „Bescherung" steht synonym für „Geschenk erhalten".

Die Redewendung hat aber auch einen in eine andere Richtung weisenden, biblischen Hintergrund. Der als unbezwingbar geltende Israelit Samson verdankte seine Kräfte seinem üppig sprießenden Haupthaar. Als seine Geliebte Delila hinter das Geheimnis kam, verriet sie Samson an seine Feinde, die Philister. Sie scherten ihn im Schlaf und konnten ihn so gefangen nehmen. Samson hatte eine (un)schöne Bescherung erfahren …

„Scheren" ist ein altdeutsches Wort für schneiden. Die Verwendung ist insbesondere bei der Schafschur noch alltäglich; die Tiere werden geschoren.
Als Substantiv ist „Schere" allbekannt.

Jemanden etwas in die Schuhe schieben.

An einem jedem 6. Dezember stehen Kindern gern früher auf als gewöhnlich. Was nur, so möchten sie wissen, hat ihnen Nikolaus in die Schuhe geschoben …
Die Redewendung spielt indes keineswegs auf die Bescherung am Nikolaustag an. Wer jemanden etwas in die Schuhe schiebt, weist einem Unschuldigen die

Schuld zu. Die Formulierung geht zurück auf Diebe, die in Herbergen übernachtet haben. Um bei einer eventuellen Kontrolle nicht entdeckt zu werden, versteckten sie gestohlenes Geld während der Nacht in den Stiefeln anderer Gäste. Gut möglich, dass selbige eher erwachten als die Gauner und sich plötzlich gefühlt haben, als sei Nikolaus.

Versuch es mal mit weniger Lametta!

Der Spruch ist ein wohlgemeinter Ratschlag. Der Adressat möge sich bei der Selbstdarstellung etwas bescheidener geben. Die Parallele zum Weihnachtsbaum ist offenkundig. Wird der Baum zu sehr mit Lametta behangen, ist seine Natürlichkeit kaum noch zu erkennen. Auch aus der Sprache der Militärs kennen wir diesen Ausdruck. Als Lametta werden spöttisch jene Ansammlungen von Orden bezeichnet, mit denen sich Offiziere und Generäle mitunter in der Öffentlichkeit zeigen.

Das Klugscheißer-Quiz

1. Was verbindet Adam und Eva mit dem Weihnachtsbaum?

2. „La Bohème" von Giacomo Puccini ist eine der weltweit meistgespielten Opern. Die ersten beiden der vier szenischen Bilder spielen am Weihnachtsabend. Wie viele Weihnachtslieder lässt Puccini erklingen?

3. Woher stammen die meisten Weihnachtsbäume der Deutschen?

4. Wie heißt das Lieblingslied von Papst Franziskus?

5. War Maria vor, während und nach der Geburt Jesu wirklich Jungfrau?

6. In der neuenglischen Kolonie Massachusetts (heute USA) war das Feiern von Weihnachten von 1659 bis 1681 verboten. Warum?

7. Gibt es einen Weihnachtsmann auf dem Mars?

8. Wie heißen die neun Rentiere des Weihnachtsmanns?

9. Seit wann gibt es Last-Minute-Geschenke?

10. Was ist eine Weihnachtsgurke?

11. Kann man das Christkind essen?

12. Wie oft kommt es vor, dass eine Weihnachtsgans einen Pullover trägt?

13. Stimmt es, dass in spanischen Krippen eine Figur ihre Hosen herunterlässt?

14. Was hat es mit Weihnachten im Schuhkarton auf sich?

15. Was sind geflügelte Jahresendfiguren?

Auflösung

1. Als Lucas Cranach der Ältere im Jahre 1530 „Das Paradies" malte, verewigte er im Bildhintergrund eine von Tannen bewachsene Felsenlandschaft. Standen also bereits im Garten Eden jene Bäume, die wir heute als Weihnachtsbäume lieben? Mehr oder weniger verbürgt ist nur eines: Im Paradies wuchs eine verbotene Frucht, der Apfel der Erkenntnis. Und damit sind wir nun doch wieder beim Weihnachtsbaum angelangt. Im Hochmittelalter fanden in der Weihnachtszeit in und vor Kirchen sogenannte Paradiesspiele statt. In diesem Theaterstück wurde die biblische Schöpfungsgeschichte dargestellt – inklusive Sündenfall. Weil im Winter die Apfelbäume nicht mehr belaubt waren, dienten Buchs- und Nadelbäume als Ersatz. In sie hängte man Äpfel hinein. Dieser Brauch wurde beginnend im 16. Jahrhundert immer mehr verweltlicht.

2. Nicht ein einziges.

3. Neun von zehn Bäumen stammen aus Deutschland. Die größten einheimischen Produzenten sind im Sauerland sowie in Schleswig-Holstein ansässig. Nordmanntannen werden oft aus Dänemark importiert.

4. Es ist „Stille Nacht, heilige Nacht". Während einer Generalaudienz am 12. Dezember 2018 bezeichnete der Papst das Weihnachtslied als sein liebstes. Wörtlich begründete Franziskus dies so: „In seiner tiefen Schlichtheit lässt uns dieses Lied das Geschehen der Heiligen Nacht begreifen. Jesus, der Retter, der in Betlehem geboren wurde, offenbart uns die Liebe Gottes des Vaters."

5. Offenbar hatte bereits Marias Hebamme, eine gewisse Salome, ihre Zweifel. Als sie deshalb die Mutter nach der Geburt eingehend untersuchen wollte, verdorrte ihr zur Strafe die Hand. Aber Salome hatte auch großes Glück. Als sie wenig später das Knäblein liebevoll badete, wurde ihr vergeben und ihre Hand war wieder heil. Kann es einen ultimativeren Beweis für die Jungfräulichkeit Marias geben?

6. In Massachusetts waren in jener Zeit die Moralvorstellungen der Puritaner dominierend. Sie ließen sich davon leiten, dass das Geburtsdatum Jesu Christi in der Bibel nicht genannt wird. Insofern gab es am 25. Dezember auch nichts zu feiern.

7. Auch wenn der Mars den Beinamen „roter Planet" trägt, was perfekt zum Mantel des Weihnachtsmanns passt, muss man diese Frage wohl verneinen. Allerdings könnte sich spätestens im Jahre 2120 die Situation völlig anders darstellen. So jedenfalls beschreibt es der amerikanische Schriftsteller Ray Bradbury in seiner Kurzgeschichte „Die Verbannten". Demnach verbannen die Menschen in nicht allzu ferner Zukunft die Autoren phantastischer Romane und deren Helden von der Erde. Auf dem Mars fristen sie nun ein jämmerliches Dasein, etwa Mary Shelley und Frankenstein, William Shakespeare und Oberon, aber eben auch Charles Dickens und der Weihnachtsmann. Bradburys Kurzgeschichte ist die Vorwegnahme seines späteren Bestsellers „Fahrenheit 451". Der Roman erzählt von einem Staat, in dem es verboten ist, Bücher zu besitzen. Bücher gehören in Deutschland zu den beliebtesten Weihnachtsgeschenken.

8. Dancer, Dasher, Prancer, Vixen, Comet, Cupid, Donner, Blitz und Rudolph.

9. Exakt lässt sich diese Frage nicht beantworten. Bereits vor mehr als 400 Jahren war es offenbar eine Massenerscheinung, erst unmittelbar vor der Bescherung nach Geschenken Ausschau zu halten. So musste der Pfarrer der Nürnberger Sebalduskirche am Heiligen Abend des Jahres 1616 die Vesper- und Nachmittagspredigt ausfallen lassen. In seiner Chronik heißt es, dass „wegen des Einkaufens zum Kindleinsbescheren keine Leut vorhanden gwest". Laut einer repräsentativen Umfrage aus dem Jahr 2018 kauft jeder zwölfte Mann auch am 23. und 24. Dezember Geschenke. Bei den Frauen trifft dies nur auf jede 33. zu.

10. Sie sind klein, grün – und aus Glas. Bei Weihnachtsgurken handelt es sich um einen besonderen Baumschmuck. Die Gurken werden am Christbaum versteckt. Erst wenn jedes Kind seine Gurke gefunden hat, wird mit der Bescherung begonnen. Der Brauch stammt aus den USA.

11. Aber ja, zumindest in Form eines Stollens. Die Form des Weihnachtsgebäcks ist einem in weiße Tücher eingewickelten Christkind nachempfunden.

12. Kommt Ihnen diese Frage komisch vor? Dann kennen Sie vermutlich auch nicht Auguste und haben erst recht keine DDR-Biografie. „Weihnachtsgans Auguste", so heißt eine in der DDR mehrfach verfilmte Erzählung von Friedrich Wolf. Auch ein Hörspiel gleichen Namens gab es, zudem Theaterinszenierungen. In der Geschichte kauft ein Familienvater eine Gans, um sie bis Weihnachten zu mästen. Seine Kinder möchten Auguste lieber als Haustier behalten. Doch der Vater betäubt die Gans heimlich und rupft sie. Die Kinder verhindern Schlimmeres und sorgen dafür, dass die Gans einen Pullover statt der ausgerupften Federn erhält. Fortan darf Auguste in der Familie leben.

13. Ja. Diese Figur hockt etwas abseits und verrichtet ihr großes Geschäft. Es handelt sich um den Caganer (katalanisch für Scheißer). Seine Herkunft und Bedeutung verliert sich im Dunkel der Geschichte. Auf jeden Fall gilt der Caganer als Glücksbringer. Mitunter werden Prominente als solche Figur dargestellt.

14. Der Name sagt eigentlich schon alles. In der Vorweihnachtszeit packen Spender ein Päckchen für bedürftige Kinder in Osteuropa und Zentralasien (Gebiete der ehemaligen Sowjetunion). Idealerweise nutzen sie dafür einen Schuhkarton. Die Spender entscheiden, ob sie ein Mädchen oder einen Jungen beschenken wollen. Auch das Alter können sie festlegen. Die Aktion wird vom christlichen Werk Samaritan's Purse e.V. organisiert. Bis zum 15. November eines jeden Jahres werden die Schuhkartons in Sammelstellen angenommen. Sie dürfen zu Kontrollzwecken nur lose verschlossen sein.

15. Gemeint sind natürlich Engel. Angeblich durften sie in der DDR aber nicht mehr offiziell so genannt werden. Alternativ kam der Begriff „geflügelte Jahresendfigur" auf. Unklar ist, ob diese Geschichte wirklich stimmt. Sie geht auf ein satirisches Buch zurück, das in den 1980er Jahren bürokratische Auswüchse in der Sprache der DDR aufs Korn genommen hatte. Gut möglich, dass diese Verballhornung nur eine Erfindung des Autors war. Wie auch immer: Die Geschichte verbreitete sich in der Bevölkerung rasend schnell. Dabei spielte letztlich keine Rolle, ob sie wahr oder erfunden war. Entscheidend war einzig und allein, dass viele DDR-Bürger ihrer Staatsführung eine solche Sprachregelung zugetraut haben.

Der Erfurter Weihnachtsmarkt lockt jährlich rund zwei Millionen Besucher an.

Die schönsten Märkte

In Deutschland gibt es Weihnachtsmärkte über Weihnachtsmärkte. Manche dauern 30 Tage, andere finden lediglich am Wochenende statt. Doch welcher ist der beste? Was macht einen Markt wirklich aus? Sind es der süffigste Glühwein und die leckersten Mandeln? Nein, es ist vor allem die Atmosphäre, auf die es ankommt. Mittelalterliche Innenstadt-Kulissen gehören ebenso dazu wie eine festliche Beleuchtung. Nicht zu vergessen auch all die Menschen, die dem Markttreiben überhaupt erst eine Seele verleihen. Wir stellen stellvertretend zehn der attraktivsten Weihnachtsmärkte Deutschlands vor.

Mittelalterliches Erfurt

Zwei Kirchen bilden das Wahrzeichen der Thüringer Landeshauptstadt: Der Mariendom und die Severi-Kirche stehen direkt nebeneinander auf einem kleinen Berg am Rande der Altstadt. Angesichts ihrer sechs Türme sprechen Einheimische und Besucher mitunter von Sechs-Appeal. Für einen Weihnachtsmarkt kann es kaum eine stimmungsvollere Kulisse geben, vor allem abends, wenn das Ensemble angestrahlt wird.

Rund 200 Marktbuden und zahlreiche Fahrgeschäfte werden alljährlich aufgebaut. Nicht alle stehen auf dem Domplatz. Von hier aus zieht sich der Markt weit hinein in die angrenzenden Gassen und über mehrere kleine Plätze. Wer sich auf einen Stadtbummel einlässt, kommt aus dem Staunen meist nicht heraus. Da Erfurt weitgehend von Kriegsschäden verschont wurde, können wir uns noch immer am Anblick zahlreicher Bauten aus dem Mittelalter, der Renaissance und der Gründerjahre erfreuen.

Im Jahr 2018 kürte die in Brüssel ansässige Organisation „European Best Destinations" die schönsten Weihnachtsmärkte Europas. Erfurt erreichte Platz 5 und lag damit vor allen anderen deutschen Märkten.

Info: Der Weihnachtsmarkt öffnet während der Adventszeit (bis 22. Dezember) täglich.

Traditionelles Dresden

Die sächsische Metropole veranstaltet einen der ältesten deutschen Weihnachtsmärkte. Er fand im Jahre 1434 erstmals statt, damals noch als eintägiger Fleischmarkt. Ein gutes Jahrhundert später erhielt er den Namen „Striezelmarkt" – in Anspielung auf den örtlichen Stollen.

Die Markthändler bauen ihre Buden traditionell auf dem Altmarkt auf. Von hier ist es nur ein Katzensprung bis zum Neumarkt und der weltberühmten Frauenkirche; natürlich ist auch dieser Platz dem weihnachtlichen Markttreiben vorbehalten.

Die Dresdener setzen sehr auf ihre regionalen Traditionen und Produkte. Dazu gehören Schnitzkunst und gedrechseltes Spielzeug aus dem Erzgebirge. In der Mitte des Altmarkts steht seit mehr als zwei Jahrzehnten eine fast 15 Meter hohe erzgebirgische Pyramide. Sie gilt laut dem Guinnessbuch als größte der Welt. In Kleinform sind solche Pyramiden ein beliebtes, allerdings nicht gerade billiges Mitbringsel. Aber auch Pfefferkuchen aus dem benachbarten Pulsnitz sollte man einfach mal probieren, vor allem aber eine dicke Scheibe vom Striezel.

Info: Der Striezelmarkt öffnet während der Adventszeit (bis 24. Dezember) täglich.

Der Striezelmarkt ist ein Schaufenster traditioneller Volkskunst. Holzfiguren aus dem Erzgebirge prägen seit Jahrhunderten den Markt.

Frankfurter Leckereien

Hat er – oder hat er nicht? Immer wieder zerbrechen sich die Frankfurter aufs Neue den Kopf, ob der berühmteste Sohn ihrer Stadt jemals Bethmännchen verzehrt hat. Ließ sich Goethe das kultige Marzipangebäck schmecken? Schickte ihm seine Mutter diese Spezialität allweihnachtlich nach Weimar? Wie auch immer die Antwort ausfallen mag: Der Verzehr dieser mit Mandeln verzierten Leckerei gehört heutzutage zu einem Weihnachtsmarktbummel in Frankfurt einfach dazu.

Der weihnachtliche Markt erstreckt sich über den Paulsplatz und den Römerberg bis hinunter zum Mainufer. Hier können wir entlang von 200 Marktbuden schlendern. Besonders festlich wird die Stimmung am Samstag vor dem ersten Advent. Dann läuten ab 16.30 Uhr für eine halbe Stunde alle Kirchen der Frankfurter Innenstadt.

Bleibt die Frage nach Goethe und den Bethmännchen. Die Wahrscheinlichkeit, dass er sie jemals aß, ist eher gering. Immerhin wurde die Leckerei erst wenige Jahre nach seinem Tod erdacht. Vermutlich hatte sich der Dichter Brenten nach Weimar schicken lassen. Auch diese Plätzchen bestehen aus Marzipan und sind eine noch immer wohlschmeckende Frankfurter Spezialität.

Info: Der Weihnachtsmarkt öffnet während der Adventszeit (bis 22. Dezember) täglich.

Frankfurter Weihnachtsmarkt

Hoch hinaus in Braunschweig

Mit einem echten Höhepunkt wartet der Braunschweiger Weihnachtsmarkt auf. Besucher können die 161 Stufen des Rathausturms nach oben steigen und einen wunderbaren Blick auf den Markt genießen. Er erstreckt sich rund um den Dom St. Blasii und die Burg Dankwarderode. Apropos Dom: Hier finden während des Marktes allerlei Orgelkonzerte, das Weihnachtsoratorium, musikalische Andachten und Gesangsabende statt.

Den Braunschweiger Weihnachtsmarkt gibt es spätestens seit dem Jahre 1505. Damals stellte der deutsche König Maximilian I. den Markt unter seinen ausdrücklichen Schutz. Heutzutage sind rund 150 Kunsthandwerker und Marktkaufleute mit ihren Hütten auf dem Markt vertreten.

Lokale Spezialität ist die seit dem Mittelalter bekannte Mumme. Eigentlich ist damit nur ein dickflüssiger Malzextrakt gemeint, mitunter auch ein Bier. Mumme wird zum Verfeinern von Speisen und Getränken verwendet.

Info: Der Markt findet in der Adventszeit täglich statt, er endet am 29. Dezember. Heiligabend und am 25. Dezember bleibt er geschlossen.

Höllenspaß in der Ravennaschlucht

Die Höllentalbahn ist nicht nur wegen ihres Namens eine der abenteuerlichsten Eisenbahnstrecken Deutschlands. Sie ist die derzeit steilste Hauptbahn im gesamten Streckennetz. Im Bereich der Ravennaschlucht (Hochschwarzwald) führt das Gleis über ein steinernes Viadukt. Unter den Bögen der 224 Meter langen Brücke wird alljährlich ein Weihnachtsdorf aufgebaut.

Etwa 40 Schwarzwälder Händler bieten regionale Produkte an. Für mehr Holzhütten besteht in der Schlucht schlichtweg kein Platz. Ein ähnliches Problem stellt sich anreisenden Besuchern: Parkplätze sind rar. Doch es gibt eine clevere Lösung. Für Busse und Pkw kann man vorab im Internet einen Stellplatz reservieren. Wer mit der Höllentalbahn anreisen möchte, steigt am Bahnhof Himmelreich aus und nutzt von dort aus einen Bus-Shuttle.

Info: Der Markt öffnet an allen Adventswochenenden, jeweils von Freitag bis Sonntag.

Sündiges Santa Pauli

Nicht ganz jugendfrei geht es in Teilen Hamburgs zu. Während sich die Innenstadt weitgehend in ein Weihnachtswunderland verwandelt, präsentiert sich der Kiez als Santa Pauli. „Süßer die Glocken nie klingen", versprechen die Veranstalter. Allerdings verweisen sie zugleich auf die Altersbeschränkung: P18. Im Stripzelt lassen vermeintliche Engel die Hüllen fallen, während sich die Gäste solche Drinks wie „Bordsteinschwalbe" und „Nussknacker" schmecken lassen. Spielzeug können wir an den Marktständen natürlich ebenfalls erwerben. Freilich ist auch dies nicht für Kinder gedacht, sondern für liebestolle Erwachsene. Wer's traditioneller mag: In Santas Glühweinapotheke dürfen wir uns einen eigenen Wein zusammenstellen. Mit Pipetten geben wir tropfenweise Extrakte von Zimt, Nelke, Pflaume, Sternanis und Orange in den Wein, bis er uns schmeckt, wie er schmecken soll.

Info: Santa Pauli findet von Mitte November bis zum 23. Dezember täglich statt.

Die Reeperbahn wird zu Santa Pauli – und die Massen strömen herbei.

Glitzerndes Essen

Seit 1950 steht die Vorweihnachtszeit in Essen im Zeichen der Lichterwochen. Die großen Plätze und Einkaufsstraßen werden mit Millionen von Lämpchen illuminiert. Dazu gehören nicht einfach nur klassische Lichterketten, sondern stets auch thematische Bilder. Jedes Jahr stehen sie unter einem anderen Motto. Im Gegensatz zu vielen anderen Städten veranstaltet Essen ausdrücklich einen Internationalen Weihnachtsmarkt. An 250 Marktständen werden Geschenke aus aller Welt angeboten, exotische Gewürze und orientalische Köstlichkeiten. Natürlich können wir internationale Spezialitäten probieren, darunter den Elsässer „Vin Chaud Blanc". Dieser frische, gleichwohl würzige Glühwein ist eine Offenbarung für all jene Marktbesucher, die genug haben vom handelsüblichen krachsüßen Roten. Wer es urdeutsch mag, kommt ebenfalls auf seine Kosten. Es gibt einen großen mittelalterlichen Bereich.

Info: Der Markt öffnet täglich von Mitte November bis zum 23. Dezember.

Der Internationale Weihnachtsmarkt Essen zeichnet sich aus durch eine Kombination aus traditionellen und exotischen Attraktionen.

Krampusse in München

Schön sind Weihnachtsmärkte immer. Aber schaurig-schön? Aber ja! Der Münchner Christkindlmarkt zeigt das zumindest an einem der 30 Veranstaltungstage geradezu exemplarisch auf. Dann ziehen beim Krampuslauf rund 300 vermummte Gestalten über den Markt. Auch wenn die teuflischen Figuren recht gefährlich aussehen, wollen sie doch nur spielen. Fürchten muss sich also niemand. Das Krampuslaufen geht auf eine 500 Jahre alte, aus den Alpen stammende Tradition zurück. Auf dem Christkindlmarkt wird sie aber erst seit dem Jahr 2004 wieder gepflegt.

Ein weihnachtlicher Markt wird in den Annalen der Stadt erstmals 1642 erwähnt – damals noch als Nikolausmarkt. Seit den 1970er Jahren findet der Christkindlmarkt auf dem Marienplatz statt. Der Christbaum steht vor dem imposanten Neuen Rathaus; er bleibt bis zum Dreikönigstag beleuchtet.

Zu den Münchner Spezialitäten zählt die Glühwein-Bratwurst. Dazu passt wunderbar ein Bratapfel-Senf. Mit dem Fatschenkindl gibt es ein typisch bayerisches Souvenir. Das Püppchen stellt das eingewickelte Jesuskind dar.

Info: Der Christkindlmarkt öffnet während der Adventszeit (bis 24. Dezember) täglich. Der Krampuslauf findet normalerweise am zweiten Sonntag im Dezember statt.

Ein Krampus vor der Kulisse des Neuen Rathauses

Ganz Berlin ist in der Adventszeit festlich illuminiert, wie hier die Tauentzienstraße.

Edel in Berlin

Eingebettet in die Kulisse von Französischem Dom und Deutschem Dom, von Schillerdenkmal und Konzerthaus liegt der Gendarmenmarkt. Hier findet zwar nur einer der über 30 Berliner Weihnachtsmärkte statt, aber er ist angesichts seiner Lage bei den Hauptstädtern besonders beliebt.

Auf dem Gendarmenmarkt stehen keine klassischen Weihnachtsmarktbuden. Die Stände werden vielmehr in weißen, gleich gestalteten Zelten untergebracht. Das wirkt nicht uniform, sondern elegant. In einem größeren, beheizten Zelt können wir verfolgen, wie Holzschnitzer, Gürtler, Schneider, Kammmacher und andere Handwerker bzw. Künstler arbeiten. Fotografen und Bildhauer stellen ihre Arbeiten aus. Auf der Festbühne treten Akrobaten und Feuerkünstler auf, Chöre und Tanzgruppen.

Wem all dies zu edel anmutet, der muss nur einige Straßen weiterlaufen und kann sich dort dem volkstümlichen Weihnachtstrubel hingeben.

Info: Der Markt auf dem Gendarmenmarkt ist von Ende November bis 31. Dezember täglich geöffnet.

Nürnberger Städtlein

„Ihr Herrn und Frau'n, die Ihr einst Kinder wart, Ihr Kleinen, am Beginn der Lebensfahrt, ein jeder, der sich heute freut und morgen wieder plagt: Hört alle zu, was Euch das Christkind sagt!" So beginnt der Prolog, mit dem am Freitag vor dem 1. Advent das Christkind den Nürnberger Markt eröffnet. Dabei steht es auf der Empore der Frauenkirche, vor der sich der Hauptmarkt erstreckt.

180 Holzbuden mit rot-weißen Stoffdächern werden hier aufgebaut. Die Nürnberger sprechen deshalb von einem Städtlein aus Holz und Tuch. Nachweislich zum ersten Mal schriftlich erwähnt wurde der Christkindlesmarkt im Jahr 1628. Dieser Vermerk befindet sich auf dem Boden einer Spanschachtel, welche damals als Geschenk überreicht worden ist. Diese Schachtel gehört mittlerweile zur Sammlung des Germanischen Nationalmuseums, das ebenfalls in Nürnberg ansässig ist. Bestanden hat der Christkindlesmarkt mit großer Gewissheit aber schon zuvor.

Die Nürnberger sind stolz auf ihre uralte Tradition. Auch deshalb setzen die Markthändler vor allem auf Regionalität. Beliebte Mitbringsel sind Elisen-Lebkuchen, Rauschgoldengel und Zwetschgenmännle. Diese kleinen Figuren werden aus getrockneten Pflaumen hergestellt und kostümiert. Probieren sollten wir unbedingt die Nürnberger Bratwürste. Sie sind recht klein, so dass man meist drei verzehrt. Stecken sie in einem Brötchen, sprechen die Einheimischen von „Drei im Weggla".

Rund zwei Millionen Besucher zählt der Christkindlesmarkt in jedem Jahr.

Info: Der Christkindlesmarkt eröffnet am Freitag vor dem ersten Advent um 17.30 Uhr und schließt immer am 24. Dezember.

Nürnberger Lebkuchen

Das Christkind ist die Symbolfigur des Nürnberger Markts.

Hingerichtet vom eigenen Vater

Wer am 4. Dezember von einem Obstbaum einen Zweig schneidet, erlebt sein wahres Weihnachtswunder. Er beginnt nach drei Wochen zu blühen. Die Tradition erinnert an Barbara, die Schutzheilige der Bergleute.

Barbara lebte um das Jahr 300 in der antiken Stadt Nikomedia, dem heutigen Izmit in der Türkei. Nikomedia war Hauptstadt des römischen Kaisers Diokletian. Er hatte im Jahre 303 eine letzte, brutale Welle der Christenverfolgung in seinem Reich initiiert.

Der Legende zufolge war Barbara die ebenso schöne wie kluge Tochter eines vermögenden Kaufmanns. Als sich Barbara für das Christentum zu interessieren begann, soll sie der Vater in einen opulent ausgestatteten Wohnturm gesperrt haben. Offenbar plante er, sie erst zur Hochzeit mit einem heidnischen Römer wieder aus ihrem goldenen Käfig zu entlassen. Dennoch gelang es Barbara, sich heimlich taufen zu lassen. Natürlich wollte sie sich nun erst recht nicht mit einem Nichtchristen vermählen lassen. Als der Vater davon erfuhr, beschloss er, sein Kind eigenhändig zu töten. Barbara floh, der Vater verfolgte sie. Als er ihr immer näher kam, öffnete sich vor ihr ein Fels und gewährte ihr Obhut. Doch ein Hirte hatte die Szene beobachtet. Er verriet Barbaras Versteck.

Der Vater übergab die Tochter nunmehr der römischen Gerichtsbarkeit. Barbara wurde grausam gefoltert, man schnitt ihr die Brüste ab und schlug ihr Fleisch in Fetzen. Doch über Nacht, im Kerker, heilte ein Engel all die Wunden. Am nächsten Tag wurde Barbara zum Tode verurteilt. Ihr Vater bat darum, die Tochter selbst richten zu dürfen. Die Römer gewährten ihm das vermeintliche Privileg, er griff zum Schwert. Noch am gleichen Tag wurde der unerbittliche Vater vom Blitz getroffen.

Doch was hat es mit den Barbarazweigen auf sich? Als sie ins Gefängnis gebracht worden war, soll Barbara versehentlich an einem Zweig hängengeblieben sein; er brach ab. Da stellte sie ihn in einen Krug mit Wasser, wo er am Tage ihres Todes zu blühen begann.

Das Martyrium der heiligen Barbara, gemalt von Lucas Cranach dem Älteren um das Jahr 1510. Das Gemälde gehört zur Sammlung des Metropolitan Museum of Art in New York.

TIPP

Barbarazweige blühen nur, wenn sie zuvor Frost abbekommen haben. In milden Zeiten sollte man sie deshalb nach dem Schneiden zunächst für einige Stunden ins Gefrierfach legen oder zwei Tage in den Kühlschrank.

Rauhe Nächte

Die Redewendung „zwischen den Jahren" hört man immer mal wieder. Strenggenommen gibt es keinen solchen Zeitraum. Nicht mal eine Millisekunde passt zwischen den letzten Moment eines alten und den ersten eines neuen Jahres.

Die Zeit zwischen den Jahren wird nach traditioneller Vorstellung ausgefüllt von den Rauhnächten. Und schon beginnt das Problem. Welche Nächte sind eigentlich gemeint? Es gibt mehrere Antworten, meist sind sie abhängig vom örtlich gepflegten Brauchtum. Da ist zum einen die moderne, gebräuchliche Interpretation. Zwischen den Jahren umfasst hier lediglich die kurze Zeitspanne zwischen Weihnachten und dem 1. Januar. Dem Volksglauben nach gibt es aber immerhin zwölf Rauhnächte. Sie liegen zwischen der Nacht vom 20. auf den 21. Dezember, welche die längste Nacht des Jahres ist, sowie dem 6. Januar.

Die längste Nacht wird auch Thomasnacht genannt. Sie erinnert an Apostel Thomas, an einen der zwölf Jünger Jesu. Schon die Menschen in der Bronzezeit und später die Germanen feierten die Wintersonnenwende. Dabei ging es immer auch darum, böse Geister zu bannen. Als wilde Heerscharen ziehen sie in den Rauhnächten durch die Lüfte. Je nach Region haben sie verschiedene Anführer. In Mitteldeutschland übernimmt Frau Holle diesen Job, im Süden ist es Frau Perchta. Auch Schimmelreiter und Harlekine werden gesehen. Im Norden erschrecken derweil Odin und Wotan die braven Bürger.

Dem Volksglauben nach durfte man zur Zeit der Rauhnächte keine Wäsche waschen. Ansonsten würden die wilden Gesellen weiße Laken von der Leine stehlen und es als Leichentuch über einem Mitglied der Familie ausbreiten. Gerade dieser Brauch hat sich, oft in Unkenntnis des sagenhaften Hintergrunds, bis heute erhalten. In vielen Familien ist es verpönt, an den Weihnachtstagen die Waschmaschine anzuwerfen.

Aber natürlich lässt sich die Herkunft der Redewendung „zwischen den Jahren" auch ganz sachlich erklären. Laut klassischen Mondkalendern hat ein Jahr genau 354 Tage. Er ist also elf bzw. zwölf Tage kürzer als ein Sonnenjahr, nach dem unser gängiger Kalender ausgerichtet ist. Diese fehlenden bzw. zusätzlichen Tage liegen sozusagen zwischen den Jahren.

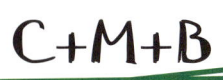

Auf den Rahmen vieler Haustüren befinden sich mit Kreide gemalte Inschriften wie diese: 20*C+M+B+19. Dieser Code ist ein untrügliches Zeichen dafür, dass hier Katholiken leben und dass diese Menschen von Sternsingern besucht worden sind. Der Brauch gehört seit 2015 zum immateriellen Kulturerbe der Menschheit.

Verkleidet als Könige aus dem Morgenland ziehen zu Jahresbeginn unzählige Kinder von Haus zu Haus. Wer ihnen öffnet, bekommt ein Lied über die Geburt Jesu zu hören und wird um eine Spende gebeten. Seit Beginn im Jahre 1959 haben die Sternsinger über eine Milliarde Euro gesammelt. Jedes Jahr geht es dabei um ein anderes Thema. So steht das Sternsingen anno 2020 im Zeichen des Friedens am Beispiel des Libanon. Das ehemalige Bürgerkriegsland hat mehr als eine Million Flüchtlinge aus Syrien aufgenommen.

Normalerweise sind die Sternsinger in Gruppen von vier Kindern unterwegs. Das erste Kind trägt einen Stern vorweg; es ist der Stern von Bethlehem. Ihm folgen die heiligen drei Könige Caspar, Melchior und Balthasar. Überall dort, wo ihnen geöffnet wird, schreiben die Sternsinger die drei Buchstaben C+M+B zusammen mit der Jahreszahl an den Türbalken.

Es gibt zwei unterschiedliche Deutungen dieser drei Buchstaben. Man kann sie als Abkürzung der königlichen Namen verstehen. Tatsächlich stehen sie jedoch für einen lateinischen Spruch: Christus mansionem benedicat (Christus segne dieses Haus). Die ersten beiden Ziffern der Jahreszahl werden vorangestellt, danach folgen ein Stern sowie die drei Buchstaben nebst den letzten beiden Ziffern der Jahresangabe. Somit ergibt sich für das Jahr 2020 diese Aufschrift: 20*C+M+B+20. Auch leicht abweichende Schreibweisen sind möglich. In manchen Regionen wird zum Beispiel das letzte Pluszeichen weggelassen.

Das Sternsingen ist seit dem 16. Jahrhundert in Mitteleuropa nachweisbar. Zwischenzeitlich geriet der Brauch in Vergessenheit. In den 1950er Jahren wurde er vom Kinderhilfswerk der katholischen Kirche in Deutschland wiederbelebt.

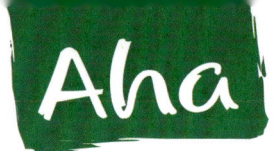

Ente gut, alles gut

Ente und Weihnachten, klar doch, da denkt man zuerst an einen leckeren Braten. Doch es gibt auch eine andere Verbindung. Die reichste und gleichzeitig geizigste Ente der Welt hat weit mehr mit Weihnachten zu tun, als ihr eingedeutschter Name verrät: Dagobert Duck.

„Hier sitz ich einsam und verlassen und Weihnachten steht vor der Tür. Grauenhaftes Fest! Wenn's nur erst vorbei wär! Weihnachten liegt mir nicht. Ich kann niemanden leiden und mich kann auch niemand leiden."
Im Dezember des Jahres 1947 stellt sich mit ebendiesen Worten ein recht verschrobener Herr der Welt vor. Er trägt einen Gehrock und einen Zylinder, er hat einen Backenbart und auf seiner Nase sitzt ein Zwicker – und manchmal, da verwandeln sich seine Augäpfel sogar in Dollarzeichen. Gestatten, Dagobert Duck! Oder, besser gesagt: Gestatten, Scrooge McDuck!
Tatsächlich trägt ebendiese Ente im amerikanischen Original einen weitaus bezeichnenderen Namen als in der deutschen Übersetzung. Scrooge – so hieß bereits in der Weihnachtsgeschichte von Charles Dickens der Antiheld. Die Figur des überaus reichen, gleichwohl gefühlsarmen Mannes ist legendär. Der Namenszusatz Mc vor dem Duck spielt außerdem auf die Herkunft der Ente an. Scrooge McDuck ist Schotte; ihm wurde der Geiz bereits in die Wiege gelegt.

Wenn er in seinem Geldspeicher badet, geht sein Lebensmotto vollends in Erfüllung: „Mein Erspartes muss immer in Bewegung bleiben. Am besten erledige ich das selbst."

Die geizige Ente ist eine Erfindung des legendären Comiczeichners Carl Barks. Er ließ Scrooge McDuck erstmals 1947 in „Christmas on Bear Mountain" auftreten. Die deutsche Übersetzung erschien zehn Jahre später, nun unter dem Titel „Die Mutprobe". In der Geschichte will Dagobert seinen Neffen Trick, Track und Tick nur dann ein Weihnachtsgeschenk gönnen, wenn sie zuvor – völlig ahnungslos – einen Tag unter ausgehungerten Bären verbringen. Ohnehin ist es Dagobert schleierhaft, „was das für ein Spaß sein soll, sich Weihnachten gegenseitig zu beschenken. Mir macht's keinen Spaß", stöhnt er.

Heutige Leser dieses Comics dürfen sich fragen: Ahnte der miesepetrige Pfennigfuchser schon 1947, was sich mittlerweile in nahezu jedem Geschäft abspielt? Wusste er, dass das Fest der Nächstenliebe immer mehr zu einer Jagd nach Geschenken ausarten würde? Heißt die wahre Botschaft des Dagobert Duck also: Nur, wer sich dem allgegenwärtigen Kaufrausch verweigert, bewahrt sich letztlich Freiraum für besinnliche Momente?

In den ersten Jahren ihres Seins spielte die geizige Ente lediglich Nebenrollen in den Comics. Dies änderte sich schlagartig zu Beginn der 1950er Jahre. Scrooge McDuck wurde nicht einfach nur zu einer Hauptperson, sondern verlor auch einen Gutteil seiner Unfreundlichkeit. 1953 durfte er sogar höchstselbst in das Kostüm eines Weihnachtsmanns schlüpfen. Nur in einem ist sich die reichste Ente der Welt bis heute treu geblieben. Und das ist ihr Geiz.

Winnetou unterm Christbaum

Sie haben Indianer dahingemetzelt, sie haben Eisenbahnen ausgeraubt und sie haben nach dem Schatz im Silbersee gesucht. Doch das vielleicht schwerwiegendste Verbrechen der Banditen in Karl Mays Wildwest-Romanen ist ein anderes: Das ist der Versuch, aus dem Verkauf eines gestohlenen Weihnachtsgedichts Gold zu schlagen.

„Weihnacht! Welch ein liebes, liebes, inhaltsreiches Wort! Ich behaupte, daß es im Sprachschatze aller Völker und aller Zeiten ein zweites Wort von der ebenso tiefen wie beseligenden Bedeutung dieses einen weder je gegeben hat noch heute giebt." Mit diesen Sätzen eröffnet Karl May seine 1897 erschienene Reiseerzählung „Weihnacht!".

Die Handlung lässt er in Deutschland beginnen. May erzählt in der Ich-Form davon, als Gymnasiast ein Weihnachtsgedicht geschrieben zu haben. 32 Strophen, jede ist vier Zeilen lang. Er habe sich einige Taler damit verdient. Beinahe hätte er dieses Gedicht wohl wieder vergessen, wäre es ihm nicht einige Jahre später in Amerika erneut begegnet. Längst ist May in die Rolle des Old Shatterhand geschlüpft. Und als solcher muss er erfahren, wie ein Bandit namens Prayer-Man sein Gedicht zu Geld macht ...

Vor diesem Hintergrund entfaltet Karl May ein turbulentes Wildwest-Abenteuer. Zunächst suchen er und Winnetou nach einem deutschen Auswanderer, der von Indianern entführt worden ist. Dann gilt es auch noch, einen geplanten Überfall auf Goldsucher zu verhindern. Zufälligerweise entpuppt sich einer der Goldsucher als Jugendfreund von May, der, welch erneuter Zufall, auch noch dessen Weihnachtsgedicht inniglich liebt.

Nach langen Verfolgungsjagden müssen die Helden schließlich in den einsamen Rocky Mountains überwintern. Aber immerhin, sie stellen sich am 24. Dezember einen Christbaum auf und erleuchten ihn mit Kerzen. Rings um die Tanne versammeln sich befreundete Schoschonen. Sogar Weihnachtsgeschenke gibt es. May erzählt: „Nun wurden die Nuggets herausgeholt und unter dem Weihnachtsbaume nach Winnetous Anordnung in vier gleichgroße Haufen zerlegt."

Die damit bedachten Goldgräber bedanken sich artig. Einer möchte schließlich Karl Mays Weihnachtsgedicht vortragen. Denn, so lässt er seine Freunde wissen: „Wir sitzen auch hier, im wilden Westen, unter dem Christbaume, und nichts gehört so zur heutigen Feier, wie dieses Gedicht."
Die Reiseerzählung „Weihnacht!" ist mehr als 120 Jahre später noch immer im Buchhandel erhältlich.

Karl May posiert als Old Shatterhand, das Bild ist vermutlich 1896 entstanden. Ein Jahr später erschien sein Weihnachtsroman.

Populärer Irrtum

Beinahe ein Sommermärchen

Wenn Aschenbrödel auf ihrem Schimmel durch den tiefverschneiten Tann reitet, schlagen nicht nur Kinderherzen höher. Das Märchen ist längst zum Weihnachtsklassiker im deutschen Fernsehen geworden. Kein anderer Film wird während der Festtage häufiger ausgestrahlt. Doch wer weiß schon, dass die Handlung ursprünglich im Sommer spielen sollte ...

Eigentlich sind Märchen zeitlos. Wenn sie nicht gerade von der Schneekönigin oder Frau Holle erzählen, spielt die Jahreszeit in ihnen eine untergeordnete Rolle. Das trifft auch für „Drei Haselnüsse für Aschenbrödel" zu. In der Geschichte der Halbwaisen, welche von ihrer Stiefmutter ständig gemobbt wird, kommt es nicht darauf an, ob es regnet oder schneit, ob es friert oder glutheiß ist. „Drei Haselnüsse für Aschenbrödel" ist eine Koproduktion des Filmstudios Barrandow (ČSSR) und der Defa (DDR). Als das Märchen zu Beginn der 1970er Jahre verfilmt werden sollte, stand Regisseur Václav Vorlíček ein Sommermärchen im Sinn. Doch die ostdeutschen Partner widersprachen. Die Defa war im Sommer bereits gut ausgelastet, hatte aber im Winter noch reichlich freie Kapazitäten. Also schrieb man das Drehbuch um ...

So wurde der Film im Winter 1972/73 gedreht. Die meisten Außenaufnahmen entstanden im Böhmerwald (Tschechien), die Innenaufnahmen hauptsächlich im sächsischen Schloss Moritzburg. Alsbald sahen sich Filmemacher und Schauspieler mit Wetterkapriolen konfrontiert. Während im Böhmerwald zu viel Schnee lag, fehlte rund um Moritzburg das winterliche Weiß. Kurzerhand wurde Kunstschnee produziert und mit ihm die Landschaft rund um das Schloss gepudert.

Wenn wir heutzutage Aschenbrödel und ihren Prinzen im Schnee beäugen, darf uns dies ziemlich egal sein.

Es sei denn, uns steht der Sinn danach, einfach mal märchenhaft klugzuscheißen ...

Schloss Moritzburg war einer der Drehorte.

Backe, backe Kuchen

Wer Dauerbackwaren mag, steht in der Weihnachtszeit vor der Qual der Wahl. Der Handel lockt mit Aachener Printen ebenso wie mit Nürnberger Lebkuchen und Pulsnitzer Pfefferkuchen. Jenseits dieser Herkunftsbezeichnungen gibt es Dutzende weitere Merkmale, nach denen sich die Köstlichkeiten unterscheiden lassen.

Wer sich nicht nur auf seinen Gaumen verlassen möchte, der wird im Deutschen Lebensmittelbuch fündig. Es beschreibt, was Verbraucher von der Bezeichnung eines bestimmten Lebensmittels erwarten dürfen. Allerdings sind die gesetzesähnlich formulierten Leitsätze nicht rechtsverbindlich, werden aber im Falle des Falles gern vor Gericht zitiert.

Lebkuchen sind, so formuliert es das Deutsche Lebensmittelbuch, „süße gewürzte Erzeugnisse mit oder ohne Oblatenunterlage, die aus Massen oder Teigen gebacken werden ... Die Teige, biologisch, chemisch und/oder physikalisch gelockert, sind elastisch bis plastisch formbar. Lebkuchen kommen in vielen Formen vor. Sie können überzogen, belegt, bestreut, verziert, glasiert oder gefüllt sein."

Anschließend beschreiben diese Leitsätze auf mehreren Seiten, was Printen von Feinen Printen sowie von Feinsten Printen und anderen Leckereien unterscheidet.

Wir er-
fahren, wonach
Spitzkuchen schmecken
sollten und welche Zutaten in weißen
und braunen Lebkuchen stecken. Pfeffernüsse,
Pflastersteine, Magenbrot und Alpenbrot werden ebenfalls
vorgestellt. Wichtig ist für jeden Lebkuchen, dass der vorgeschriebene
Anteil an Ölsaaten eingehalten wird, vor allem von Mandeln, Haselnuss-
und Walnusskernen. Speisefette und Speiseöle dürfen dagegen nicht oder nur
in sehr kleinen Mengen verwendet werden.

In Deutschland sind Lebkuchen unter ebendiesem Namen bereits seit dem 13.
Jahrhundert nachweislich bekannt. Der ebenfalls gebräuchliche Name „Pfeffer-
kuchen" gibt wieder, dass dieses Gebäck teils kräftig mit exotischen Gewürzen
verfeinert wurde und noch immer wird. Dazu gehören Anis und Kardamom,
Zimt und Fenchel, Nelken und Muskat. Der regional ebenfalls geläufige Begriff
„Honigkuchen" spielt auf das traditionell wichtigste Süßungsmittel an. Heutzu-
tage wird der Honig oft ganz oder teilweise durch ein Gemisch aus Trauben- und
Fruchtzucker ersetzt.

Die Beliebtheit all der Lebkuchen erklärt sich freilich nicht nur aus ihrem
Geschmack. Pfefferkuchen lassen sich in zahlreichen Formen ausbacken. Neben
Brezeln, Herzen und Sternen gibt es viele figürliche Ausprägungen – bis hin
zum kompletten Lebkuchenhaus. Manche sind schlichtweg zu
schön, um verspeist zu werden ...

Mit päpstlichem Segen

Wer dem Geheimnis des Stollens auf den Grund gehen möchte, sollte nicht nur etliche Sorten probieren, sondern ebenso in die spätmittelalterliche Geschichte eintauchen. Ein päpstlicher Brief von 1491 entpuppt sich als Schlüsseldokument. Erst diese Verfügung ließ aus der kargen Fastenspeise ein kalorienreiches Festgebäck werden.

Seit wenigstens 700 Jahren lassen sich Menschen am Heiligen Abend gern Christstollen munden. Das jedenfalls legt eine Urkunde aus dem Jahre 1329 nahe. In jenem Papier dekretierte der Bischof von Naumburg (heutiges Sachsen-Anhalt), dass die örtliche Bäckerinnung an jedem Weihnachtsfest zwei lange weiße Brote an ihn abzuliefern habe, die man Stollen nennt. In der auf Lateinisch abgefassten Urkunde heißt es wörtlich: „in vigilia nativitatis Christi duos panes triticeos longos, qui stollen dicuntur, factos ex dimidio scephile tritici". Das ausdrückliche Verlangen nach Broten aus dem teuren Weizenmehl lässt auf eine für damalige Verhältnisse luxuriöse Speise schließen. Noch dazu wird den Bäckern aufgetragen, dafür ein halbes Scheffel Mehl zu verwenden, was etwa 20 Kilogramm entsprochen haben dürfte. Allerdings handelt es sich bei dieser Vorgabe nicht um ein Rezept. Schließlich werden in der Urkunde keine weiteren Zutaten benannt.

In Quellen aus dem 15. Jahrhundert ist vom Stollen dann wieder als eher schlichte Fastenspeise die Rede. Das Gebäck habe lediglich aus Mehl, Wasser und Hefe bestanden, mitunter sei auch Rübensirup beigegeben worden. Das änderte sich schlagartig anno 1491. In jenem Jahr entsprach Papst Innozenz VIII. der Bitte des sächsischen Landesherrn, das Butterverbot in der vorweihnachtlichen Fastenzeit aufzuheben. Seinen sogenannten Butterbrief ließ sich der notorisch unter Geldnot leidende Papst natürlich versilbern. Ähnliche Fastendispense verkauften Innozenz und weitere Päpste hundertfach in ihrem gesamten Einflussbereich.

Wie wichtig gerade den Sachsen die Butter war und ist, zeigt die heutige Produktspezifikation des Dresdner Stollens. Auf 100 Teile Mehl kommen 50 Teile Butter.

Das Verwenden von Margarine ist verpönt und würde zur Aberkennung des berühmten Markennamens führen. Auch Sultaninen, Orangeat und Mandeln gehören in einen Dresdner Stollen. Dass diese Mischung auch außerhalb von Sachsen mundet, gilt als gewiss. Immerhin ist der Dresdner Stollen deutschlandweit der beliebteste. Noch dazu ist der örtliche Weihnachtsmarkt, der Striezelmarkt, seit rund 500 Jahren nach dem Stollen benannt. Striezel ist eine mundartliche Form von Stollen. Höhepunkt des Markts ist das Stollenfest. Dann wird an einem jedem Sonnabend vor dem 2. Advent ein etwa drei Tonnen wiegender Riesenstollen angeschnitten.

Der Dresdner Christstollen verkörpert Kulturgeschichte und Höchstgenuss.

Was uns bei Tisch vereint

Vorfreude, schönste Freude, so heißt es in einem Weihnachtslied. Dies gilt gewiss auch fürs bevorstehende Festessen. Obwohl Deutschland alles andere als eine Einheitsküche aufzuweisen hat, gibt es dennoch gerade Weihnachten einige Gerichte, auf die sich Ost- wie Westdeutsche, Süd- wie Norddeutsche gleichermaßen freuen.

Würstchen mit Kartoffelsalat sind am Heiligen Abend der Klassiker schlechthin. Die Frage ist: Warum? Es gibt wenigstens zwei Antworten darauf. Die erste verweist in die Kirchengeschichte. Die Adventszeit war traditionell eine Fastenzeit. Entsprechend sollte am Heiligabend zum Fastenbrechen eine eher leichte Kost serviert werden. Die zweite Antwort hat mit dem Vermeiden von Weihnachtsstress zu tun. Würstchen lassen sich binnen Minuten erhitzen und den Salat hat man idealerweise schon am Vortag zubereitet.

Auch wenn die Vorliebe für Würstchen mit Salat groß ist, kommen doch überall verschiedene Gerichte auf den Tisch. Die Art und Weise, wie der Salat zubereitet wird, unterscheidet sich bereits von Familie zu Familie. Noch dazu gibt es viele regionale Würstchen-Spezialitäten.

Am ersten Weihnachtstag tischen wir besonders gern Enten- und Gänsebraten auf. Rotkohl und Klöße sind die häufigsten Begleiter. Ein solches Mahl darf, erst recht wenn es von Vor- und Nachspeisen sowie einem guten Wein begleitet wird, mit Fug und Recht als Festessen bezeichnet werden. Der Aufwand ist groß, noch dazu ist gutes Geflügel nicht gerade billig zu haben. Ähnlich opulent speisen die meisten Familien deshalb kein zweites Mal im Jahr. Es sei denn, sie stammen aus Thüringen. Hier sind Klöße eines der beiden Nationalgerichte. Sie kommen entsprechend häufig auf den Tisch, dann aber eher mit einem klassischen Sonntagsbraten.

Apropos Gänsebraten. Er stammt zum größten Teil nicht aus Deutschland. Jährlich werden bis zu 12 Millionen Gänsekeulen importiert. Die wichtigsten Lieferländer sind Polen und Ungarn. Wer keine Gans aus der Massentierhaltung kaufen möchte, sollte sich rechtzeitig bei regionalen Erzeugern nach Angeboten umschauen. Viele Bauern nehmen Vorbestellungen an.

Ein verzauberter Jüngling

Nussknacker sind nicht einfach nur Werkzeuge zum Öffnen von Nüssen. Nussknacker gehören in Gestalt hölzerner Burschen längst zum Kulturgut der Menschheit – auch dank Pjotr Iljitsch Tschaikowski. Der Russe komponierte ausgangs des 19. Jahrhunderts „Der Nussknacker" und machte damit die kernig anzuschauenden Gesellen weltberühmt.

Tschaikowski hatte sich das Märchen „Nussknacker und Mausekönig" von E.T.A. Hoffmann zum Vorbild genommen. Im Märchen erscheint der Nussknacker in Gestalt eines hässlichen, gleichwohl prächtig gekleideten Husaren. Bei E.T.A. Hoffmann liest sich dies so: „Abgesehen davon, dass der etwas lange, starke Oberleib nicht recht zu den kleinen dünnen Beinchen passen wollte, so schien auch der Kopf bei weitem zu groß. Vieles machte die propre Kleidung gut, welche auf einen Mann von Geschmack und Bildung schließen ließ. Er trug nämlich ein sehr schönes violett glänzendes Husarenjäckchen mit vielen weißen Schnüren und Knöpfchen, ebensolche Beinkleider, und die schönsten Stiefelchen, die jemals an die Füße eines Studenten, ja wohl gar eines Offiziers gekommen sind." Natürlich versteckt sich hinter dieser Gestalt ein wunderschöner, indes verzauberter Jüngling. Aber dies erfahren die Märchenleser natürlich nicht sofort ...

Grimmig anzuschauen – dies sollten die tatsächlichen Nussknacker durchaus sein. Ähnlich wie bestimmte Karnevalsfiguren waren sie jenseits ihrer Nützlichkeit als Verspottung der Obrigkeit gedacht. Entsprechend entstanden Husaren und Gendarme, Amtsmänner und Förster, schließlich auch Könige sowie für den Export in die USA sogar Präsidenten.

Historisch betrachtet gibt es in Deutschland drei Zentren der Nussknacker-Produktion. Im Alpenraum rund um Berchtesgaden sowie in der thüringischen Rhön liegen die eigentlichen Wurzeln. Sie reichen bis ins 17. Jahrhundert zurück. In beiden Regionen werden Nussknacker per Hand geschnitzt. Diese Art und Weise der Herstellung unterscheidet diese Figuren klar von jenen aus dem Erzgebirge. Hier, in Sachsen, setzt man seit dem 19. Jahrhundert auf das maschinelle Drechseln von Nussknackern. Entsprechend sind die Grundformen der erzgebirgischen Nussknacker rund und glatt, während geschnitzte Figuren kantig und damit durchaus auch individueller ausschauen.

In Hoffmanns Märchen verliebt sich ein junges Mädchen in den unansehnlichen Nussknacker. Prompt verwandelt er sich in einen Prinzen, alsbald wird Hochzeit gefeiert ... Im wahren Leben geht die Geschichte des Nussknackers weniger märchenhaft aus. Plagiate aus Fernost drängen seit Jahren auf den Weltmarkt.

Glück auf!

In der Weihnachtszeit stellen vor allem Menschen aus Sachsen, Sachsen-Anhalt und Thüringen gern Schwibbögen in ihre Fenster. Der Brauch stammt aus dem Erzgebirge. Er erinnert an die Mettenschicht der Bergleute.

Schwibbögen gibt es in allen erdenklichen Größen, von der Fensterbrett-Variante bis hin zu Versionen, die ganze Straßen überspannen. Der weltgrößte Schwibbogen steht im erzgebirgischen Johanngeorgenstadt. Er ist 25 Meter breit. In ihrem Grundaufbau sind sich die Lichterbögen immer gleich. Auf dem halbkreisförmigen Bogen befinden sich Kerzen bzw. Lampen. Unter dem Bogen können wir zumeist Szenen aus dem Leben der Bergleute und ihrer Familien bestaunen oder aber stilisierte Landschaften bzw. Ortsansichten aus dem Erzgebirge.
Der älteste bekannte Schwibbogen stammt aus dem Jahre 1726. Er war in Johanngeorgenstadt aus Schmiedeeisen gefertigt worden. Mittlerweile bestehen die Dekoelemente aber zumeist aus Holz.
Der Legende nach entspringt der Schwibbogen der Mettenschicht. Einst haben Bergmänner nach der letzten Schicht vor dem Weihnachtsfest ihre Grubenlampen halbkreisförmig an die Wand gehängt. Diese Form der Illumination greift der Schwibbogen auf. Aber auch die Tradition der Mettenschichten wird weiterhin gepflegt. Besucherbergwerke in ganz Deutschland laden zu solchen feierlichen Stunden ein.

Männel über Männel

Die Weihnachtszeit ist nicht nur die Hochzeit biblischer Gestalten. Auch allerlei Figuren mit volkstümlichem Hintergrund wecken unsere Aufmerksamkeit.

Pyramiden

sind auf vielen Weihnachtsmärkten zur Hauptattraktion geworden. Sie sind oft höher als zehn Meter und überstrahlen mit ihrer aufwändigen Gestaltung sogar die weitaus höheren Weihnachtsbäume.
Das Vorbild dieser Großpyramiden stammt aus heimischen Wohnzimmern. Ausgehend vom Erzgebirge breitete sich im 19. Jahrhundert der Brauch aus, zuhause kleine, sich drehende Pyramiden aufzustellen.
Die ein- oder auch mehrstöckigen Pyramiden erinnern im Grundaufbau an ein sich nach oben verjüngendes Karussell. Dank der aufsteigenden Wärme von seitlich angebrachten Kerzen dreht sich ein oben befestigtes Flügelrad; es hält die gesamte Pyramide in Schwung.
Die einzelnen Etagen der Pyramiden werden meist mit volkstümlichen Figuren besetzt. Bei Großpyramiden auf Weihnachtsmärkten kann man auch die Abbilder heimischer Originale und anderer örtlicher Berühmtheiten entdecken.

Räuchermännel

stellen unser Verständnis vom Rauchen auf den Kopf. Während das Paffen in vielen Haushalten verpönt ist, geht uns zugleich das Herz auf, wenn ein solches Männlein vor sich hin qualmt. Freilich raucht es dann auch nicht im klassischen

Sinne, es räuchert vielmehr. Oder, mit anderen Worten: Räuchermännel sind die vielleicht schönste Variante, Duftstäbchen und Räucherkerzen abzubrennen. Kaum sind sie angezündet, beginnt es in der guten Stube wohlig zu duften ... Räuchermännel stammen, wie andere weihnachtliche Volkskunst auch, aus dem Erzgebirge. Seit rund 200 Jahren werden die vielgestaltigen Figuren dort produziert. Aber es gibt auch hübsche Alternativen, etwa Räucherhäuschen und Dampflokomotiven. Bei denen raucht der Schornstein ...

Zwetschgenmandl

sind vor allem im süddeutschen Raum bekannt und als kleines Geschenk beliebt. Der auf Zwetschgen (Pflaumen) anspielende Name verrät es bereits: Diese Figuren werden aus getrocknetem Obst und aus Nüssen gefertigt. Drähte halten all diese Früchte zusammen. Natürlich werden die Zwetschgenmandl auch angezogen, mal als Mann, mal als Frau.
Die Tradition lässt sich bis ins 17. Jahrhundert zurückverfolgen.

Gnade vor Recht?

In der Weihnachtszeit hoffen kleine Sünder, ungeschoren davonzukommen. Das Finanzamt vollstreckt für einige Tage keine offenen Forderungen und manch Falschparker oder Raser setzt darauf, kein Knöllchen zu erhalten. Schließlich ist ja Weihnachtsfrieden angesagt. Dieser Begriff hat ursprünglich jedoch eine völlig andere Bedeutung.

Wie wäre es, wir würden den Weihnachtsfrieden ganz anders definieren? Wir könnten, nur mal so zum Beispiel, die Strafen verdoppeln statt sie zu erlassen. Statt 15 Euro würde ein Falschparker während der Weihnachtszeit dann 30 Euro berappen. Und wer innerorts rast, nimmt freiwillig ein Fahrverbot von zwei Monaten in Kauf.

Nie und nimmer? Von wegen! Ein Blick nach Turku belehrt eines Besseren. In der finnischen Stadt wird alljährlich der Weihnachtsfrieden vom Direktor der Stadtverwaltung ausgerufen. Während des feierlichen Zeremoniells erinnert er daran, dass das Fest ein stilles und besinnliches ist. Wer diesen Frieden stört, der macht sich im besonderen Sinne schuldig. Die Strafe müsse, so jedenfalls verkündet es der Direktor, dann höher liegen als die Gesetze vorschreiben. Tausende ver-

folgen diese Verlesung auf dem Großmarkt von Turku, wohlwissend, dass die symbolische Forderung dann doch nicht vollzogen wird. Es bleibt, auch in Finnland, bei normalen Strafen.

Das ist in Deutschland kaum anders. Strafzettel, Mahnungen und Steuernachforderungen werden lediglich etwas später zugestellt. Natürlich kann man dies als Gnadenbeweis interpretieren. Indes gibt es auch einen anderen, ziemlich banalen Grund für diese Verzögerung. In Ämtern und Verwaltungen sind viele Mitarbeiter über Weihnachten im Urlaub. Entsprechend bleiben etliche Vorgänge ohnehin einige Tage länger unbearbeitet als gemeinhin üblich.

Ein bisschen Frieden

Am 24. Dezember 1914 trug sich ein wahres Weihnachtswunder zu. Der Erste Weltkrieg war längst zu einem Stellungskrieg geworden. Freund wie Feind lagen sich in Schützengräben gegenüber. An diesem Tag aber schwiegen vielerorts nicht nur die Waffen. An diesem Tag feierten die Gegner mitunter gemeinsam das Weihnachtsfest.

Ypern – die belgische Stadt steht stellvertretend für die Schrecken des Ersten Weltkriegs. Sie wurde jahrelang heftig umkämpft, hier setzten die Deutschen erstmals Chlorgas ein, später dann erstmals auch das berüchtigte Senfgas. Als Yperit ging dieser Kampfstoff in die Geschichte ein. Ypern steht jedoch auch als Synonym für ein bisschen Frieden, für den Weihnachtsfrieden von 1914. Dessen Geschichte wird bis heute im örtlichen „In Flanders Fields Museum" erzählt. Besucher begeben sich im Museum auf einen interaktiven Spaziergang durch die Geschichte. Sie begegnen auf Monitoren mehreren Schauspielern, die in die Rolle einstiger Soldaten schlüpfen und deren authentische Erlebnisse erzählen. Vor allem die Deutschen waren wenige Monate zuvor noch mit der Überzeugung in den Krieg gezogen, dass sie Weihnachten wieder daheim wären. Schon vor den Weihnachtsfeiertagen hatte es immer wieder kleine, lokale Waffenstillstände gegeben. Die Deutschen auf der einen und die Briten auf der anderen Seite nutzten diese Momente, um ihre Verletzten und Toten zu bergen. Wenig später wurde erneut geschossen ...
Dann aber nahte der 24. Dezember 1914. „Ein Engländer kam aus dem Graben heraus und hielt die Hände hoch. In der einen Hand hielt er Zigaretten und Tabak. Der Engländer kam auf unsere Leute zu und wünschte ihnen ein frohes Weihnachten. Er reichte unseren Leuten die Hand, die den Gruß herzlich erwiderten", erzählt ein deutscher Soldat. Auch an anderen Stellen der Flandern-Front kam es zu freundschaftlichen Begegnungen. Freund und Feind aßen gemeinsam Schokoladenkuchen und Christmas Pudding, rauchten und proste-

ten sich zu, sangen „Stille Nacht" beziehungsweise „Silent night" und beteten andächtig miteinander. Sogar ein spontanes Fußballspiel soll stattgefunden haben, irgendwo im Frontabschnitt zwischen Mesen und Nieuwkapelle.

Was genau an diesem Tag passiert ist, lässt sich im Detail nur schwer rekonstruieren. Die Erinnerung wird zumeist von kurzen, privaten Berichten beteiligter Soldaten und Offiziere an ihre Daheimgebliebenen gespeist. Fest steht indes, dass die Obrigkeit auf beiden kriegsführenden Seiten größtes Augenmerk darauf legte, dass sich eine solche spontane Verbrüderung in den Folgejahren nicht wiederholt. Die ureigene Botschaft des Heiligabends von 1914 aber blieb, so oder so, bis heute unverfälscht. Auch in dunklen Stunden der Geschichte ist es uns möglich, Menschlichkeit zu bewahren. Ein bisschen Frieden.

Britische und deutsche Soldaten und Offiziere stehen Weihnachten freundschaftlich zwischen den Schützengräben.

Subtile Botschaften

Deutsche Briefmarken mit weihnachtlichen Motiven gibt es seit den 1960er Jahren. Sie erschienen in der DDR ebenso wie in der BRD und im wiedervereinten Deutschland. Diese Marken sind nicht nur schön anzuschauen. Sie erzählen immer auch vom vorherrschenden Zeitgeist.

Es war einmal ein Schneider, der hatte drei Söhne und nur eine einzige Ziege. Aber die Ziege, weil sie alle zusammen mit ihrer Milch ernährte, musste ihr gutes Futter haben und täglich hinaus auf die Weide geführt werden. Die Söhne taten das auch nach der Reihe ... Mit diesen Sätzen beginnt das Grimmsche Märchen „Tischlein, deck dich". Im Advent des Jahres 1966 erfuhr die ohnehin schon berühmte Geschichte zusätzliche Popularität. Die Deutsche Post der DDR gab sechs Sonderbriefmarken mit Szenen aus dem Märchen heraus. Auch wenn es nicht ausdrücklich auf diesen Marken vermerkt worden ist, so waren sie dennoch als Weihnachtsbriefmarken gedacht. Fortan erschien an einem jeden Jahresende ein weiteres Märchen in Briefmarkenform. Erst 1979 unterbrach die DDR diese Reihe. Nun war für einige Jahre historisches Spielzeug als weihnachtliches Motiv angesagt.

Die Deutsche Bundespost war in diesem besonderen Wettlauf der Systeme nur zweiter Sieger. Erst 1969 erschien die erste westdeutsche Weihnachtsbriefmarke. Im Gegensatz zur DDR-Ausgabe durfte sie allerdings von Anbeginn an Weihnachtsmarke heißen. Die erste Marke zeigt Christi Geburt in Gestalt einer Zinnfigur. Auch in den folgenden Jahren dominieren in der alten Bundesrepublik biblische Themen. Meist sehen wir Darstellungen des Christkinds auf mittelalterlichen Kunstwerken. Doch es gibt auch andere Motive. So überbringen 1972 die heiligen drei Könige Gold, Weihrauch und Myrrhe. Im Folgejahr rückt der Stern von Bethlehem auf die Weihnachtsbriefmarke, später dann auch eine Christrose.

So erzählen die Marken aus Ost wie West sogleich, wie die beiden deutschen Staaten die legendäre Gretchenfrage beantwortet haben. In Goethes „Faust" fragt Gretchen ihren Liebhaber: „Nun sag, wie hast du's mit der Religion?" Seitens der DDR war die Antwort unmissverständlich. Der atheistische Staat hatte keinerlei Interesse daran, die biblische Geschichte zu verbreiten. Ganz anders dagegen die Situation in der damaligen Bundesrepublik.

Als 1990, nur wenige Wochen nach der Wiedervereinigung, die ersten gesamtdeutschen Weihnachtsbriefmarken erscheinen sollten, war gewissermaßen ein Kompromiss vonnöten. Es galt, Rücksicht auf die Befindlichkeiten in beiden Teilen Deutschlands zu nehmen. So zeigen diese vier Briefmarken allesamt historisches Spielzeug. Aber immerhin, darunter befinden sich auch zwei Engel. Bereits im Folgejahr wurde erneut die Geburt Christi dargestellt. Seither schmücken ausnahmslos wieder biblische Motive die weihnachtlichen Marken.

Weihnachtsmarke, BRD, 1969

Märchenbriefmarken, DDR, 1966

Weihnachtsmarken, wiedervereintes Deutschland, 1990

Wie andere feiern

Weihnachten wird weltweit gefeiert, doch die Traditionen unterscheiden sich von Land zu Land. Das beginnt bereits bei den Terminen. In den Niederlanden spielt zum Beispiel der 6. Dezember eine große Rolle, in Russland ist es der 6. Januar. Nachfolgende Beispiele können für die vielen Sitten und Gebräuche nur stellvertretend stehen.

In **Polen** hat das Weihnachtsessen am Heiligabend eine große symbolische Bedeutung. Das Mahl beginnt mit dem Teilen und Verzehr einer Oblate. Alle Anwesenden wünschen sich gegenseitig, dass Wünsche in Erfüllung gehen. Aufgetischt werden zwölf fleischlose Gerichte, Fisch ist erlaubt. Die Zahl der Gänge steht für die Apostel. In jedem Fall müssen alle Gerichte probiert werden. Wer sich zudem eine Fischgräte ins Portemonnaie steckt, beugt Geldsorgen vor. In den **Niederlanden** wird vor allem das Nikolausfest gefeiert. Der Sinterklaas ist ebenso berühmt wie der Weihnachtsmann in Deutschland. Er reitet

Der Legende nach reist Sinterklaas auf einem mit Geschenken beladenen Dampfschiff aus Spanien an. Der Einzug des Sinterklaas wird in den Niederlanden jedes Jahr in einer anderen Stadt groß gefeiert.

auf seinem Schimmel über die Dächer, gelangt durch Schornsteine in die Wohnungen und bringt die Geschenke. Die Freude am Fest wird seit einigen Jahren von einer Debatte um den Zwarten Piet getrübt. Kritiker meinen, dass der dunkelhäutige Gehilfe des Sinterklaas rassistische Klischees bedient.

In **Frankreich** gleicht das Weihnachtsessen am Heiligabend einem Marathon, gleichwohl einem für Gourmets. Sieben Gänge und 13 Desserts gilt es zu probieren. Austern und Gänsestopfleber gehören zu den Vorspeisen. Der Hauptgang ist idealerweise ein mit Kastanien gefüllter Truthahn. Bei den Desserts ist der Bûche de Noël ein Muss; der mit Creme gefüllte Biskuitkuchen sieht aus wie ein Baumstamm.

In **Großbritannien** gehört seit 1932 eine Ansprache des Königs bzw. der Königin zum Programm des Weihnachtstages. Sie wird einige Tage zuvor aufgezeichnet und ab 15 Uhr über Radio, Fernsehen und Internet ausgestrahlt. Bereits in der Nacht zuvor saust der Weihnachtsmann durch Kamine und füllt jene roten Strümpfe, welche die Kinder aufgehangen haben.

In **Skandinavien** ist Weihnachten ohne Julbock (Ziegenbock) undenkbar. Früher erschraken entsprechend verkleidete Burschen gern Kinder und junge Mädchen. Häufig brachte der Julbock auch Geschenke. Heutzutage übernimmt dies der Weihnachtsmann, so dass der Julbock meist nur noch als glücksbringende Symbolfigur dient.

In **Russland** sind Väterchen Frost und seine Enkelin Schneeflöckchen die Figuren der Weihnachtszeit. Die Bescherung findet traditionell am 31. Dezember statt. Heiligabend ist allerdings erst am 6. Januar, der eigentliche Weihnachtsfeiertag ist damit also der 7. Januar. Die Termine basieren auf dem alten julianischen Kalender.

In **Italien** ist man in der Nacht vom 5. auf den 6. Januar vorsichtig. Dann fliegt Befana durch die Lüfte, eine ziemlich launische Hexe. Sie sucht nach dem Jesuskind, steckt aber zugleich kleinere Geschenke in die Schuhe der Kinder. Wer nicht artig war, erhält Kohlen. Aber auch sie kann man oft essen: Eigens für „La Befana" werden schwarze Bonbons hergestellt.

In **Spanien** wird am Heiligabend „la Urna del Destino" aufgestellt, die Urne des Schicksals. Jedes Familienmitglied zieht daraus Lose. Wer eine Niete erwischt,

darf weitermachen, bis er ein kleines Geschenk gewinnt. Die eigentliche Bescherung erfolgt am 6. Januar. Allerdings hoffen viele Spanier schon am 22. Dezember darauf, das große Los zu ziehen. Dann wird die Weihnachtslotterie ausgespielt. Der Hauptgewinn ist der El Gordo (der Dicke) mit 4 Millionen Euro. Er wird 170 Mal vergeben.

In den **USA** ist X-Mas vor allem eines: quietschbunt. Viele Hausbesitzer versuchen, im Wettstreit um das geschmückteste Haus die Nase vorn zu haben. Aber auch Straßen und Einkaufszentren sind teils überbordend illuminiert. Der Weihnachtstrubel beginnt mit dem Black Friday. An diesem Tag nach Thanksgiving (Erntedankfest) im November öffnen viele Geschäfte bereits um 5 Uhr morgens sowie mit zahlreichen Sonderangeboten.

Ein geschmücktes Haus in den USA

Lach doch mal!

Weihnachten ist nicht unbedingt ein witziges Fest.
Weihnachtswitze gibt es dennoch reichlich.

Die Großeltern zur Enkelin: „Du darfst dir in diesem
Jahr ein Buch wünschen …!"
Enkelin: „Prima, dann nehme ich euer Sparbuch."

„Weihnachten fällt
in diesem Jahr auf
einen Freitag …"
„… hoffentlich ist
es kein 13."

Lehrer: „Welcher Wein wächst am
Fuße des Ätna?"
Fritzchen: „Glühwein!"

Der Weihnachtsmann zum Kind:
„Na, wer war immer schön artig und
hat gemacht, was Mama verlangt hat?"
„Das war Papa …!"

„Papa, der Weihnachtsbaum brennt."
„Weihnachtsbäume brennen nicht.
Sie leuchten!"
„Ach so. Papa, jetzt leuchtet auch die
Gardine!"

Was macht ein Schotte
mit zwei Adventskerzen
vor dem Spiegel?
Er feiert den 4. Advent.

Eine Blondine will sich im Wald einen Weihnachtsbaum holen. Nach zwei Stunden des vergeblichen
Suchens sagt sie verzweifelt zum Förster: „Ok, dann
nehme ich eben einen ohne Kugeln."

Vater: „Es ist an der Zeit, dich aufzuklären.
Es gibt keinen Weihnachtsmann und auch
keinen Osterhasen. Das war immer ich."
Tochter „Das weiß ich doch längst. Nur
der Klapperstorch, das war der Onkel von
nebenan."

Warum gibt es in Schottland
keine Schornsteinfeger?
Warum für etwas bezahlen,
dass Santa Claus kostenlos
erledigt ...

„Liebling, deine Weihnachtsgans
schmeckt genauso köstlich wie die
deiner Mutter."
„Meine Mutter kann überhaupt nicht
kochen."
„Sag ich doch ..."

Warum tragen Ostfriesen in der
Adventszeit kein Gebiss?
Weil sie es zum Ausstechen der
Plätzchen brauchen.

„Mama, ich wünsche mir in diesem
Jahr ein Pony."
„Kannst du haben. Morgen gehen
wir zum Friseur."

Eine Göre möchte ihre Eltern beschenken, weiß aber noch nicht, womit. Deshalb fragt sie eines Tages: „Was wünscht ihr euch eigentlich zu Weihnachten?"
„Eine liebe Tochter."
„Das ist ja prima! Ich wollte schon immer ein Schwesterchen!"

Wie heißen Jesu Fußballschuhe? Christstollen.

Der Enkel spricht sein Abendgebet, wie immer still und leise. Plötzlich hebt er die Stimme und ruft: „Lieber Herr, ich wünsche mir zu Weihnachten ein Fahrrad!"
Sagt die Oma: „Du musst nicht schreien. Gott ist nicht schwerhörig."
Darauf der Enkel: „Gott nicht. Aber Opa!"

Ein Mädchen kommt in die Kirche, geht schnurstracks zur Krippe, nimmt das Jesuskind heraus und legt einen Brief hinein. Der Pfarrer findet ihn und liest: „Hallo Maria und Josef, nur damit ihr Bescheid wisst, wenn ich Weihnachten keine Katze bekomme, seht ihr euer Kind nie wieder!"

„Na, gab es bei eurer Weihnachtsfeier in der Firma wieder Wichtelgeschenke?"
„O ja! Ich bekam vom Chef ein Buch, das ich vor zwei Jahren meinem Kollegen geschenkt habe."

Was andere über Weihnachten sagen

„Ein gutes Gewissen ist ein ständiges Weihnachten."
Benjamin Franklin

„Früher war mehr Lametta!"
Opa Hoppenstedt alias Loriot

„Wenn je das Göttliche auf Erden erschien, so war es mit der Geburt Christi."
Johann Wolfgang von Goethe

„Die besinnlichen Tage zwischen Weihnachten und Neujahr haben schon manchen um die Besinnung gebracht."
Joachim Ringelnatz

Und das sage ich ...